消された王権 尾張氏の正体

関 裕二
Seki Yuji

PHP新書

はじめに

日本の歴史は、つねに「東」から始まる。

なぜか、歴史の節目ごとに、「東」がからんでくるのだ。

三世紀から四世紀にかけてヤマトは建国されるが、考古学研究によって、そのきっかけを作ったのは「東」だったことがわかってきている。しかも、中心勢力が東海地方だった。奈良盆地の纏向《まきむく》周辺（奈良県桜井市）に、東の勢力が流れこんで、ヤマト建国の気運が一気に高まった。

六世紀初頭にも、大きな転換点で「東」が動いた。東海の尾張《おわり》氏は越《こし》（福井県）の男大迹王《おおどのおおきみ》（継体《けいたい》天皇）を後押しして、新政権樹立の立役者になったのである。

継体天皇の出現は王朝交替ではないかと疑われているが、それよりも重要なのは、「東」の王を「東」の雄族《ゆうぞく》（尾張氏）が推戴《すいたい》したという事実ではなかろうか。ここでも、画期的な事件に「東」がからんでいる。

壬申《じんしん》の乱（六七二）でも、東海の尾張氏が大活躍をしている。裸一貫で東に逃れた大海《おおあ》人皇子《まのみこ》に手をさしのべている。朝廷《ちょうてい》の正規軍は、東の軍事力によって、木《こ》っ端《ぱ》微塵《みじん》に打ち砕かれた。

八世紀に都周辺で不穏な空気が流れると、東に向かう三つの関＝三関《さんげん》（伊勢国鈴鹿《いせのくにすずか》〈三重県亀山市〉・美濃国不破《みののくにふわ》〈岐阜県不破郡関ヶ原町〉・越前国愛発《えちぜんのくにあらち》〈福井県敦賀市南部の旧愛発村と滋賀県高島市マキノ町との境にある有乳山《あらちやま》付近〉）は閉ざされ、謀反人《むほんにん》が「東」の軍事力をあてにすることを防いだ。

平安時代の幕引きは、源氏の武士団によってなされたが、彼らも東国で成長し、西に向かって進軍している。

戦国時代を終わらせたのも、東海出身の織田信長《おだのぶなが》や豊臣秀吉《とよとみひでよし》、徳川家康《とくがわいえやす》で、織田信長は古い発想を打ち破り、豊臣秀吉は刀狩りを敢行し、徳川家康は関ヶ原の東西決戦を制し、戦国の世を終わらせた。

日本史の大きな謎を解く鍵は、「東」が隠し持っている。養老《ようろう》四年（七二〇）に完成した『日本書紀《にほんしょき》』は、「東」を常に意識し、あえて無視している。たとえば、ヤマトタケルノミコト（日本武尊。『古事記』では倭建命）が東海地方を東に向かった記事を載せながら、富士山を記録しなかった。全編にわたって、富士山の話は出てこない。富士山は縄文時代から人びとが神聖視してきた「東」を代表する霊山だ。『日本書紀』は、ヤマト建国時の「東」の動向を無視しているし、壬申の乱最大の功労者・尾張氏の記事を、きれいに抹殺した。

これまで、日本の歴史は西から始まると信じられてきた。多くの文物や人びとは西からやってくると、漠然と考えられていた。しかし、「東」は、火山のマグマのような隠然たる力を持ち続け、歴史の大転換期に忽然《こつぜん》と現れるという歴史をくり返してきたのだ。しかも「東」は「西」とは異なる「文化」と「文明観」を持ち合わせていて、「このまま先に進んで良いのだろうか」と、常に問いかけてきたように思えてならない。「東」が出現する時代は、大きな文明の揺り戻しをともなってゆく。

その、古代の「東」の中心に立っていたのが東海地方の尾張氏である。中央政権での活躍はほぼないが、だからといって彼らの勢力が弱かったわけではない。むしろ尾張氏の正体を探し当てることによって、真の日本の姿が見えてくると言っても過言ではないのである。

存在が巨大すぎるから、『日本書紀』は尾張氏や東海を消し去ったのだ。「富士山無視」は、じつに象徴的な事象である。『日本書紀』は、「東」と尾張氏を完璧に隠滅している。

東海の尾張氏の正体を明かすことで、古代史最後の謎も解けてくる。天皇家の正体をようやく話すことが可能となる。

これまでほとんど注目されてこなかった尾張氏について、考えておきたい。

関　裕二

二〇二四年七月吉日

消された王権　尾張氏の正体　目次

第一章　謎めく東海の雄族・尾張氏

第二章

ヤマト建国と「前方後方墳VS.前方後円墳」

第三章　ヤマトタケルとナガスネビコの謎

第四章 ヤマト建国神話に隠された尾張氏の正体

第一章

謎めく東海の雄族・尾張氏

❖不自然に少ない「尾張氏」の記録

古代史の迷路に誘い込まれ、謎解きを進めていくと、いくつかの方向から歩んでいたはずなのに、最後にどの謎も尾張《おわり》氏に行き着くという経験をくり返してきた。そのたびに「この一族はいったい何者なのか」と、頭を抱《かか》えてきたのである。

尾張氏は尾張国《おわりのくに》の国造《くにのみやつこ》だから、普通であれば国造にふさわしい「直《あたい》」や「君《きみ》」のカバネ（姓）を授けられる。ところがなぜか、中央の大豪族と同等の「連《むらじ》」を下賜《かし》されている。これも大きな謎だ。

野村忠夫は、「ヤマト勢力の東国進出にあたって、尾張地方が前進基地的な位置を占め、尾張氏がよくその役割をはたしたという条件」が、重要な意味を持っていたのではないかと推理する（『古代貴族と地方豪族』吉川弘文館）。

また一方で、『日本書紀《にほんしょき》』の記事を信じれば、尾張氏は天皇家と親族だったわけで、継《けい》体《たい》天皇以前の王家から分かれた豪族には、「臣《おみ》」のカバネが与えられたのだから、尾張氏は「臣」のカバネを下賜されてもおかしくはなかった。結局尾張氏の謎は何もわかっていないのだ。

尾張氏は、熱田神宮《あつたじんぐう》を奉斎《ほうさい》していた由緒正しい古代豪族だが、探れば探るほど謎が増えていく不思議な人びとだ。

『日本書紀』や『古事記《こじき》』の尾張氏をめぐる記事は、ごくわずかだ。かろうじて、古い時代の天皇家や葛城《かつらぎ》氏との姻戚関係にまつわる記事が、載っている。

そこでまず、『日本書紀』と『古事記』に残された尾張氏の記録を拾い上げてみよう。

『古事記』の后妃《こうひ》記事に、尾治《おわり》（尾張）が登場する。第五代孝昭《こうしょう》天皇は、尾治連の祖の奥津余曽《おきつよそ》の妹・余曽多本毘売命《よそたほびめのみこと》（『日本書紀』では、瀛津世襲《おきつよそ》と世襲足媛《よそたらしひめ》）を娶《めと》り、生まれた子が天押帯日子命《あめおしたらしひこのみこと》で、この人物は春日《かすがの》臣、大宅《おおやけの》臣、粟田《あわたの》臣、小野《おのの》臣、柿本《かきのもとの》臣らの祖とある。次に生まれたのは大倭帯日子国押人命《おおやまとたらしひこくにおしひとのみこと》で、のちの孝安《こうあん》天皇となる。

また、第八代孝元《こうげん》天皇の段には、尾張連らの祖の意富那毘《おおなび》の妹・葛城之高千那毘売《かつらぎのたかちなびめ》の名が載る。孝元天皇の子の比古布都押之信命《ひこふつおしのまことのみこと》はこの女性を娶り、生まれたのが甘師内《うましうちの》宿禰《すくね》で、山代《やましろ》（山背、山城）の内臣《うちつおみ》の祖とある。ちなみに、甘師内宿禰はのちに、異母兄弟の建内宿禰《たけのうちのすくね》（武内宿禰）と争うことになる。尾張系の甘師内宿禰と蘇我《そが》系の建内宿禰の葛藤《かっとう》である（のちに意味を持ってくるので、あえて書き加えた）。

第十代崇神《すじん》天皇の段では、尾張連の祖・意富阿麻比売《おおあまひめ》を娶ったこと、第十五代応神《おうじん》天皇

天皇系譜

※数字は『皇統譜』の即位順

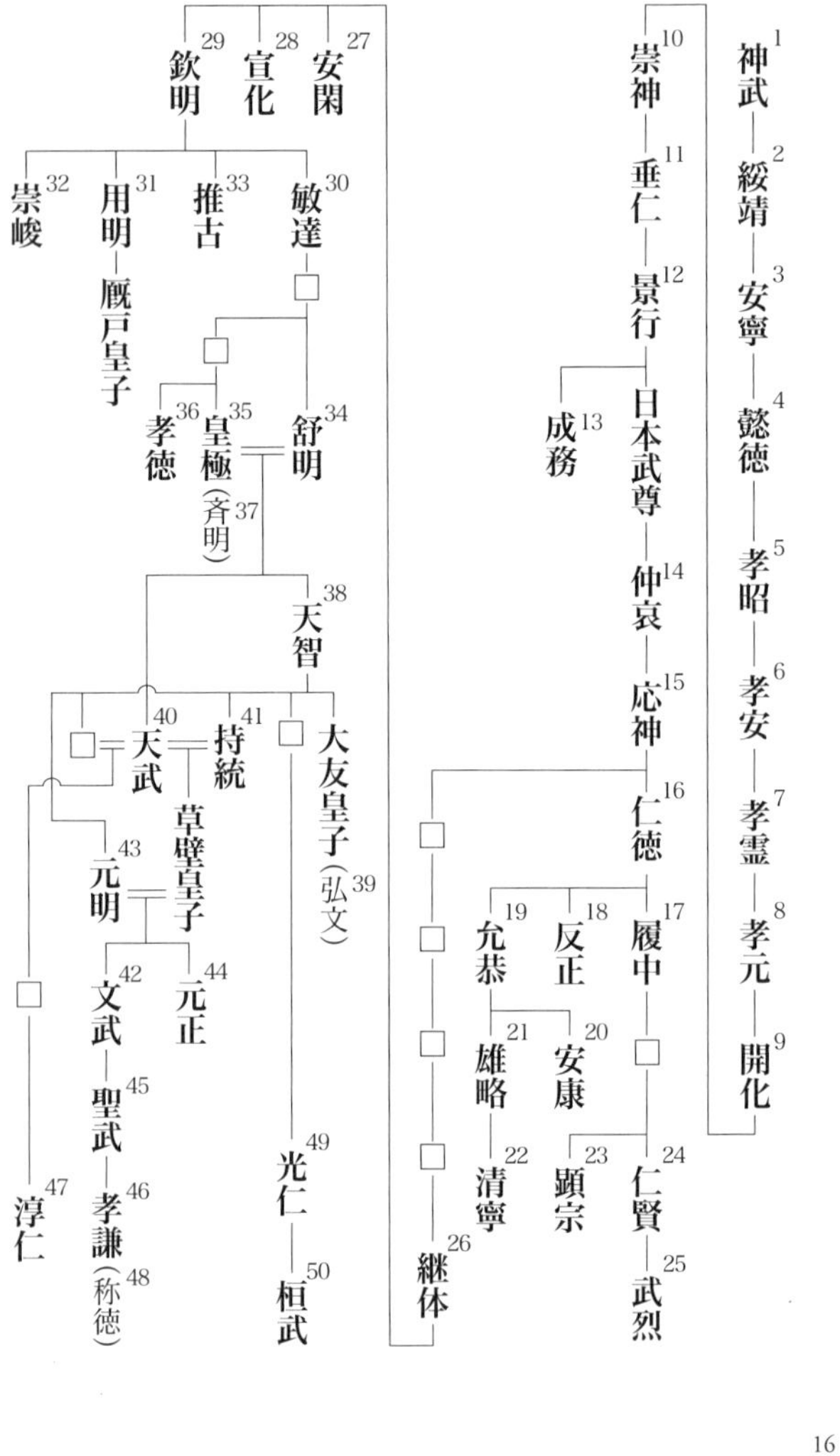

の段では、尾張連の祖・建伊那陀宿禰《たけいなだの》とその娘の名が挙がっている。また、『日本書紀』允恭五年《いんぎょう》に、尾張連吾襲《あそ》が登場する。これは尾張氏にまつわる数少ない記事だ。しかも興味深い内容が込められているので、『日本書紀』の記事を追ってみる。ちなみに、允恭天皇は第十九代の天皇で、その子供が第二十代安康と、葛城氏の円大臣《つぶらのおおおみ》を滅亡に追い込む雄略《ゆうりやく》天皇だ。

允恭天皇は先帝反正《はんぜい》天皇の殯《もがり》を葛城襲津彦《そつびこ》の孫の玉田宿禰《たまだの》に任せられたが、大きな地震が起きたので、尾張連吾襲に殯宮《もがりのみや》の様子を視察するよう命じられた。ちなみに、葛城氏は、この当時もっとも栄え、権力を握っていた。

殯宮にみな集まっていたが、玉田宿禰だけは姿を現さない。尾張連吾襲はこの様子を天皇に報告すると、今度は玉田宿禰の様子を見てくるように命令。すると、玉田宿禰は葛城で酒宴を開いており、尾張連吾襲はことのいきさつを玉田宿禰に説明すると、玉田宿禰は、尾張連吾襲を殺し、武内宿禰の墓域に逃げこんだ。

このあと允恭天皇は玉田宿禰をお召しになり、玉田宿禰は衣の中に甲《よろい》を着て参内《さんだい》した。酒宴が催され、天皇の命で采女《うねめ》が玉田宿禰の衣の中の甲を確認して、報告し、天皇は兵を挙げ、玉田宿禰は誅殺《ちゅうさつ》された……。

尾張氏にまつわる記事があまりに少なく、なぜ、葛城氏の謀反《むほん》の場面で、尾張氏が登場したのかもよくわからない。尾張氏は「葛城」の名のつく者たちと婚姻関係を結んでいたから、玉田宿禰と関わったのだろうか。

継体元年には尾張連草香《くさか》が登場して、その娘の目子媛《めのこひめ》が男大迹王《おおどのおおきみ》（継体天皇）に嫁《とつ》ぎ、勾大兄皇子《まがりのおおえのみこ》と檜隈高田皇子《ひのくまのたかたのみこ》が生まれ、のちに即位したことが記されている。

また、宣化《せんか》元年夏五月、天皇は蘇我大臣稲目宿禰《そがのおおおみいなめのすくね》に「尾張連を遣わして、尾張国の屯倉《みやけ》の穀を（筑紫国に《つくしのくに》）運ばせよ」と命じたとある。

天武《てんむ》十三年（六八四）、尾張連に「宿禰」の賜姓《しせい》記事があり、持統《じとう》十年（六九六）夏五月に、尾張宿禰大隅《おおすみ》に直広肆《じきこうし》が授けられ、『続日本紀《しょくにほんぎ》』霊亀《れいき》二年（七一六）に尾張宿禰大隅の叙位が記録されている。

それ以外の資料で尾張氏が活躍しているのは平安時代に記された物部《もののべ》系の歴史書『先代《せんだい》旧事本紀《くじほんぎ》』で、物部氏の系譜と並んで尾張氏の系譜が記録されている。『日本書紀』は、尾張氏をほぼ無視している。これが、じつに怪《あや》しい。

❖崇神天皇が恐れた「祟る草薙剣」の謎

歴史書の記事は少ないが、尾張系の豪族は、各地に広く分布している。尾張宿禰、尾張連、尾治連や海部直《あまべのあたい》、凡海連《おおしあまのむらじ》など、枝族を含めると、近畿《きんき》から濃尾《のうび》地方に勢力圏を拡げ（大和《やまと》、京師《みやこ》、山背《やましろ》〈城〉、河内《かわち》、摂津《せっつ》、和泉《いずみ》、丹波《たんば》、但馬《たじま》、伊勢《いせ》、播磨《はりま》、紀伊《きい》、備前《びぜん》、周防《すおう》、越前《えちぜん》、美濃《みの》、飛騨《ひだ》など）、日本海地域にも進出していたことがわかっている。

これだけ広大な地域に進出している豪族は、珍しい。古代最大の豪族は物部氏だが、尾張氏は二番目に位置する。ところが、肝心の正史（正しい歴史ではなく、政権側が正式に編んだ歴史書）『日本書紀』が尾張氏を取り上げてくれなかったために、その正体が、杳《よう》として摑《つか》めない。

尾張氏の謎の中でもっとも難解なのは、「草薙剣《くさなぎのつるぎ》を祀《まつ》っていること」ではなかろうか。草薙剣は天皇家のレガリア（王の正統性を裏付ける神宝《かんたから》）で三種の神器のひとつだが、尾張氏が熱田神宮（愛知県名古屋市熱田区）の御神体として守ってきた。

なぜ宮中ではなく、尾張氏の祀る熱田神宮に留め置かれているのだろう（平安時代の後期に神官は藤原《ふじわら》氏に入れ替わったが）。なぜ天皇家は、熱田神宮に預けたままなのか。その理由が、まったくわからない。

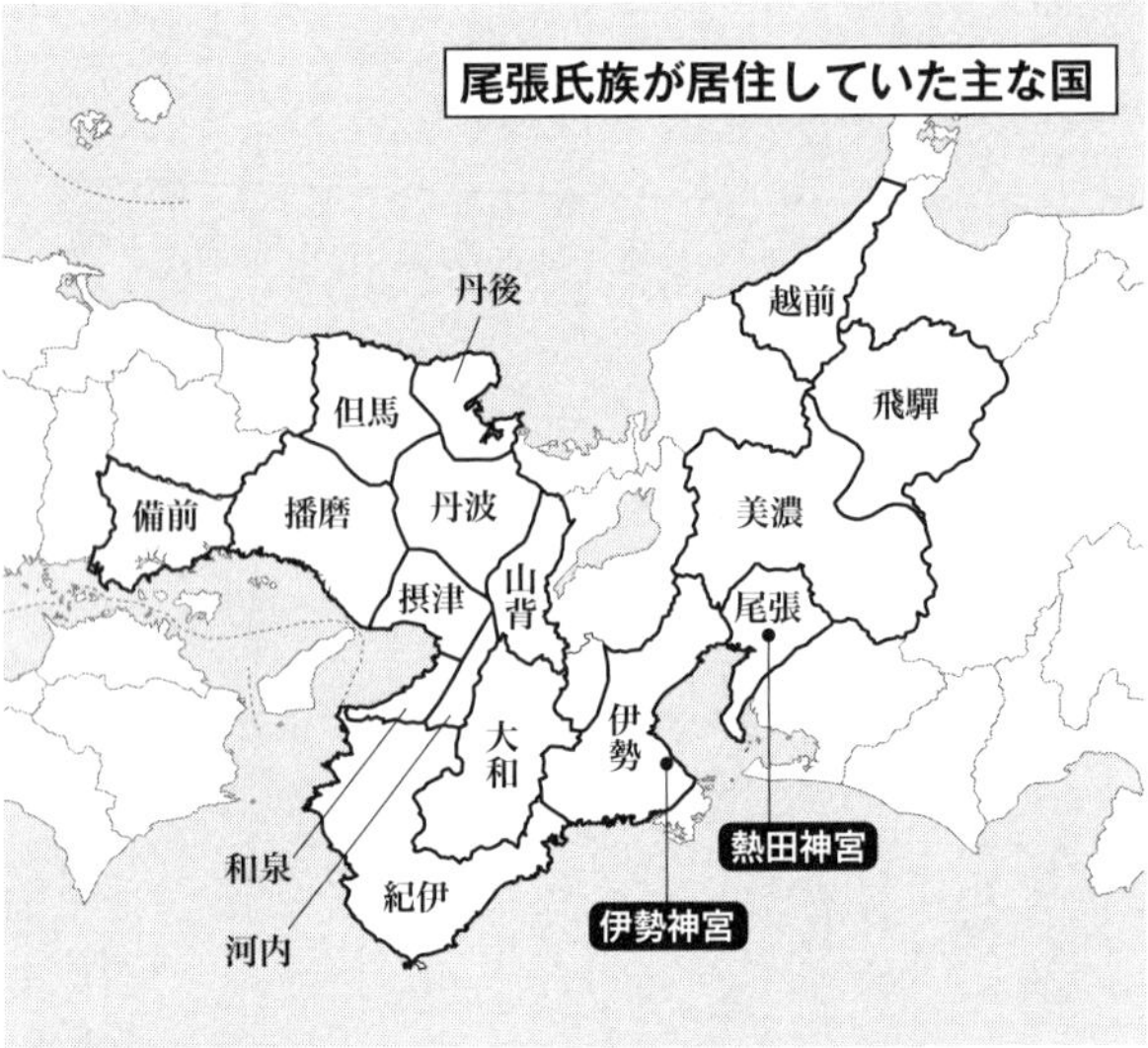

そこで、「尾張氏の草薙剣の謎」について、少し説明しておこう。

平安時代に斎部広成《いんべのひろなり》の記した『古語《こご》拾遺《しゅうい》』に、三種の神器の不思議な物語が記されている。

第十代崇神天皇の時代、八咫鏡《やたのかがみ》（アマテラス・天照大神《あまてらすおおみかみ》）の神威が強すぎて（祟《たた》る恐ろしい存在）、同じ宮で暮らすことができず、斎部（忌部）氏らに命じて神宝（鏡と剣）の形代《かたしろ》（レガリア）を造らせ、「護《まもり》の御璽《みしるし》」にして手元に置いた。これが天皇が践祚《せんそ》される日に献上される御璽となった。一方、本物の八咫鏡と草薙剣はどうしたかというと、倭《やまと》の笠縫《かさぬいの》邑《むら》（奈良県桜井市檜原《ひばら》神社か）に瑞垣《みずがき》で造った神聖な場を用意し、神籬《ひもろぎ》を建て、皇族の巫女《みこ》に祀らせたというのだ。

　なぜ、王家のレガリアである八咫鏡と草薙剣を王自身が恐れたのだろう。

『日本書紀』や『古事記』にも話が載る。こちらは神が恐ろしかったと言っている。やはり崇神天皇の時代、宮中で祀られていたアマテラスと日本《やまとの》（倭）大国魂神《おおくにたまのかみ》の神威が恐ろしくて、神々を皇族の巫女に憑依《ひょうい》させ、宮の外に遷《うつ》し祀ったと記録されている。『古語拾遺』は御神体の話をしているが、要は祭神も、放逐《ほうちく》されたわけだ。

『古語拾遺』の記事に戻る。第十一代垂仁《すいにん》天皇の時代、皇女・倭姫命《やまとひめのみこと》にアマテラスを祀らせ、神の教え通りに、伊勢国の五十鈴川《いすずがわ》の川上に祠《ほこら》と斎王《さいおう》の宮殿を建てたという……。

　これも、『日本書紀』や『古事記』に似た記事が残されている。これが伊勢神宮の創祀《そうし》である（この時代に伊勢神宮が実際に創建されていたわけではないことは、のちに再び触《ふ》れる）。

　また、第十代崇神天皇は実在の初代王と目されていて、アマテラスはヤマト政権樹立後すぐ、三輪山《みわやま》山麓の天皇（大王）の宮で祀られ、すぐによそに遷されたと『古語拾遺』は語っている。

『古語拾遺』と『日本書紀』や『古事記』の記事を総合すると、三種の神器のひとつ、八咫鏡は、ヤマト建国の黎明期に、すでにヤマトから伊勢に遷されていたことになる。ならば、草薙剣は、いつ熱田神宮に遷されたのだろう。

❖天武天皇にも祟った草薙剣

神話の世界に草薙剣は登場する。『日本書紀』神代上第八段正文に次の説話が載る。

スサノヲ（素戔嗚尊《すさのおのみこと》）が天上界（高天原《たかまのはら》）を追放され出雲《いずも》に舞い下り、八岐大蛇《やまたのおろち》退治をした時のことだ。スサノヲが蛇を十握剣《とつかのつるぎ》で切り裂き、尾に至ると、剣の刃が少し欠けた。尾を割《さ》いてみると、一振りの剣が現れた。これが草薙剣で、スサノヲは、

「これは霊剣だ。私が持っているわけにはいかない」

と言い、天神《あまつかみ》（アマテラス）に献上した。

同段一書第三には、次の話がある。昔草薙剣はスサノヲのもとにあったが、今は尾張国にあり、八岐大蛇を切った剣は、今、吉備《きび》の神職のもとにあると言う。

歴史時代に入ると、草薙剣は、数奇な運命をたどる。

『日本書紀』景行《けいこう》四十年条に、ヤマトタケルの東征記事が載るが、冬十月条、ヤマトタケルが伊勢神宮を拝み、倭姫命（ヤマトタケルの叔母）を訪ねたことが記されている。ヤマトタケルは倭姫命に天皇の命令で東征することを伝えている。すると倭姫命は、草薙剣を

授けて、励ました。

草薙剣はいつの間にか、伊勢にもたらされていたのだ(『古事記』も『古語拾遺』も、その経緯を語っていない)。

ヤマトタケルはこの霊剣を携えて東征を成功させ、尾張国に滞在し、尾張氏の娘のミヤズヒメ(宮簀媛)を娶った。すると近江《おうみ》の胆吹山《いぶきやま》(岐阜県と滋賀県の県境の伊吹山)に荒ぶる神(山の神)がいると知り、(なぜか)草薙剣をミヤズヒメのもとに預けて、素手で出かけた。すると、神の毒気に当たり、衰弱してしまう。ヤマトタケルは尾張国に戻ってくるが、ミヤズヒメの館には寄らず(つまり、草薙剣は尾張に置いたまま)ヤマトに向かった。しかし、帰還を夢みながら、ヤマトタケルは能褒野《のぼの》(三重県亀山市と鈴鹿市の一帯)で、息絶えたのだった。

草薙剣はヤマトタケルが尾張氏のもとに置いていった。『古語拾遺』は、草薙剣が、今、尾張国の熱田社(熱田神宮)にあると言っている。

ところが七世紀に、草薙剣は一度ヤマトにもたらされる。

天智《てんぢ》天皇が即位した直後の天智七年(六六八)に、草薙剣は盗まれている。『日本書紀』(是歳条)は、沙門道行《しやもんどうこう》が、草薙剣を盗んで新羅《しらぎ》に逃げようとしたが、途中で暴風に遭《あ》い、迷って引き返したと言う。『熱田神宮縁起』にも同様の話が載っていて、こちらは道行を新羅僧と言っているが、定かではない。こうして草薙剣は、ヤマトに留め置かれた。

この事件から十八年後の天武十五年（六八六）、天武天皇が病《やまい》の床《とこ》に臥《ふ》せったこと、六月十日に占ってみると、草薙剣の祟りだというので、尾張国の熱田社に送って安置したとある。道行から奪い返した草薙剣を、しばらく宮中で祀っていて、草薙剣が祟ったということになる。

こうして、草薙剣の「来歴」と「動線」が明らかになったが、どうにも腑《ふ》に落ちないのは、なぜこの霊剣がアマテラスから天皇に、さらに伊勢にもたらされたのかだ。さらに、天皇の正統性を証明する神器の草薙剣が祟り、天武天皇を苦しめたのはなぜか。そしてなぜ、その占いを真に受け、草薙剣をそそくさと熱田社に戻してしまったのだろう。天皇に病をもたらすほどの恐ろしい剣を、尾張氏はなぜ、平然と持っていられたのか。

さらに斎部広成は『古語拾遺』の中で、草薙剣が一度盗まれたのに戻ってきたことで、この剣の霊験《れいげん》は明らかで、神祇官《じんぎかん》が奉幣《ほうへい》する時、敬い祀るべきなのに、熱田社には奉幣さえなかったと苦言を述べている。どうやら草薙剣は、平安時代初期には軽視されていたようだ。

ちなみに、大同《だいどう》二年（八〇七）に斎部広成は実際に熱田社を例幣にあずかるよう、朝廷《ちょうてい》に請求している。弘仁《こうにん》十三年（八二二）には熱田社に従四位下《じゅしいげ》が授けられ、のちに正一位《しょういちい》に昇叙されている。

今でこそ熱田神宮は、東海地方を代表する大神社だが、かつての熱田社の社格は、想像以上に低かったのだ。それは、尾張氏そのものの実力不足だったのか、あるいは、草薙剣が忘れ去られ、忌避《きひ》されていったからなのだろうか。

❖三種の神器「八咫鏡、草薙剣、八尺瓊勾玉」の意味

ここで、改めて三種の神器について、考えておきたい。

三種の神器は、八咫鏡、草薙剣、八尺瓊勾玉《やさかにのまがたま》の三つで、それぞれの由来は、『古事記』に記されている。

神話の三種の神器をめぐる時系列に沿って話を進めると、最初に話すのは八尺瓊勾玉だ。

八尺瓊勾玉は、アマテラス（太陽神で女神の天照大神）とスサノヲの「誓約《うけい》」の場面に登場する。

スサノヲが天上界を奪おうとしているとアマテラスが恐れたので、スサノヲは無実を晴らそうとした。この時スサノヲはアマテラスの髪を飾っていた「五百津《いおつ》のみすまるの珠《たま》」（八尺瓊勾玉を貫いた髪飾りの玉）をもらい受け、天真名井《あまのまない》で振り濯《すす》ぎ、噛《か》んで吐き出すと、その息の霧の中から男子が生まれた。その末裔《まつえい》が天皇家になる。アマテラスの所持品、八尺瓊勾玉から天皇家は生まれたわけだ。当然、三種の神器のひとつになった。

次に、八咫鏡だ。

スサノヲの乱暴狼藉《ろうぜき》に驚いたアマテラスは、天岩戸《あめのいわと》に隠れてしまった。そこで八百万《やおよろず》の神々が相談し、長鳴鳥《ながなきどり》を集め、鳴かせ、おびき出すために鏡を造らせ、アメノウズメは天岩戸の前で桶を伏せて踏みならし、神懸《かみが》かりして胸をはだけると、高天原が鳴り響くほど、神々が笑い転げた。アマテラスは不思議に思い、「私が岩戸の中に籠《こ》もって外はまっ暗なはずなのに、なぜだろう」と思った。そこでアメノウズメは、「あなたよりも立派な神がいらっしゃるのです。だからみんな喜び、笑い、歌舞を楽しんでいるのです」と言い、天児屋命《あめのこやねのみこと》らが鏡を差し出し、アマテラスを映し出すと、アマテラスは（本当に立派な神がいるので）、不思議でたまらなくなった。その時、隠れ立っていた天手力男神《あめのたぢからおのかみ》が、アマテラスの手を取って外に引きずり出した……。これが天岩戸神話で、八咫鏡の意味が記されている。八咫鏡はアマテラスそのものであり、依代《よりしろ》で御神体である。八咫鏡にアマテラスの霊が宿り、アマテラスそのものなのである。

そして、草薙剣は、すでに述べたように、スサノヲが高天原から出雲に舞い下りた時、八岐大蛇を退治し、その尾から得た神宝で、スサノヲはアマテラスに奉献したのだ。

アマテラスは、これら三つの神宝を、地上界に降りる孫のニニギ（天津《あまつ》彦彦《ひこひこ》火《ほの》瓊《に》瓊杵《にぎの》尊《みこと》）に授けた。

『日本書紀』神代下九段一書第一（別伝）にも、同様の記事がある。アマテラスはニニギに三種の神器（八坂瓊曲〈勾〉玉、八咫鏡、草薙剣）を授け、「葦原千五百秋瑞穂国《あしはらのちいほあきのみずほのくに》（日本）は、私の子孫が王になるべき土地だ」と述べている。

このように、『古事記』と『日本書紀』に、三種の神器がスサノヲやアマテラスと関わり、王家に授けられたことが記録されている。

ならば、なぜ、いつから、熱田社の草薙剣を尾張氏は祀り続けたのだろう。

❖なぜ三種の神器は「東」に祀られるのか

祖神・アマテラスから伝わる三種の神器ならば、王家は手元に置いて大切に祀っていたはずだ。ところが実在の初代王・崇神は、「神と神の依代（神器）の威力が強すぎて、いっしょに暮らすことができなくなった」と言い、神器を遷し、神々を宮から放逐している。どうにも不可解だ。

そして、話を総合すれば、三種の神器のうち、八咫鏡と草薙剣は伊勢に遷され、さらにヤマトタケルによって尾張氏のもとにもたらされたわけだ。ヤマトタケルは霊剣を手放し自滅し、そのまま草薙剣は、尾張氏が祀り続けている。

なぜ、東国のほとんど知られてこなかった一豪族のもとに、草薙剣が留まっていたのか。ここに、尾張氏のひとつの謎が横たわる。

そしてもうひとつの大きな謎は、三種の神器のうち二つまでもが、「東」に遷し祀られているという事実だ。どちらも古代の東西日本を分断する三関《さんげん》の東側に位置する。

すでに述べたように、八世紀以降しばらく、都で不穏な動きがあると、必ず三関を閉めて、謀反人が東に逃れることを防いだ。古代政権（特に八世紀以降の政権）にとって三関の東は仮想敵国だった可能性が高い（その理由はおいおい述べていく）。

草薙剣も八咫鏡も、その三関の東側に祀られている。伊勢神宮と言えば、ヤマト政権の聖地とすぐに思ってしまうが、この地は、明らかに「東」に位置していて、ここに大きな

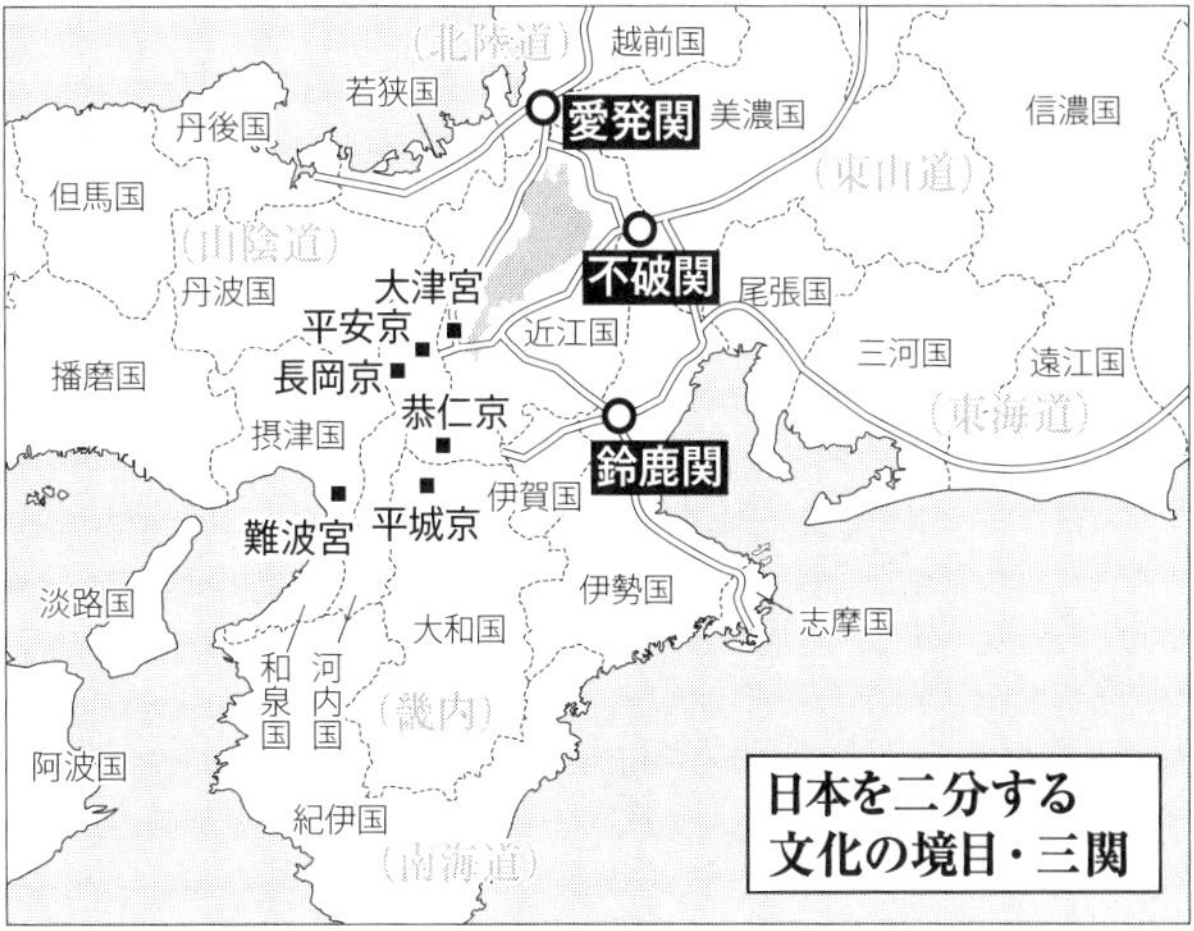

日本を二分する文化の境目・三関

謎が隠されている。しかも八尺瓊勾玉も、東の神宝である。勾玉は、新潟県糸魚川《いといがわ》市で産出されるヒスイを用いた。縄文時代から、なぜかこの土地で採れるヒスイだけを珍重していたのだ。

興味深いのは、太古から列島人が愛してやまなかった硬玉ヒスイが、七世紀後半に姿を消し、見向きもされなくなることだ。三種の神器も二種に減り、八尺瓊勾玉は、いったん「なかったもの」にされてしまったのだ。

三種の神器の内二つは三関の「東」に遷し祀られ、また「東」の神宝・ヒスイの勾玉は、捨てられた。八咫鏡が祀られる伊勢も、元々は東海系の土着の神を祀っていた場所だ。

これはいったいどういうことだろう。この

三種の神器の謎に、「三関の東の尾張氏」がからんでくるということなのだろうか。ならば、尾張氏の正体を明らかにすることは可能だろうか。

「尾張氏が三関の東の巨大勢力だった」からこそ、尾張氏の正体は抹殺されたのではあるまいか。もっともわかりやすい例は、壬申《じんしん》の乱（六七二）で、最大の功労者は尾張氏だ。乱勃発《ぼっぱつ》直後劣勢に立たされた大海人皇子《おおあまのみこ》は東に逃れ尾張氏を頼ったが、その時の尾張氏の活躍を、『日本書紀』は無視している。

そこで壬申の乱のあらましを、紹介しておこう。

❖壬申の乱最大の功労者・尾張氏の活躍を抹殺した『日本書紀』

壬申の乱は古代最大の争乱で、天智天皇（中大兄皇子《なかのおおえのみこ》）と弟の大海人皇子（のちの天武天皇）の主導権争いの結果、天智崩御（天皇の死）の直後に、天智の子の大友皇子《おおとものみこ》と大海人皇子が激突し、大海人皇子が圧倒的な勝利をもぎ取った事件だ。

乱のきっかけは、天智十年（六七一）九月に天智天皇が発病し、そのあと大海人皇子に禅譲《ぜんじょう》を申し込んだことだった。天智天皇と大海人皇子は兄弟でありながら犬猿の仲で、大海人皇子はワナと悟り、その場で出家し、吉野《よしの》（奈良県吉野郡）に逃れた。天智天皇崩御ののち、近江の大友皇子と吉野の大海人皇子はにらみ合いを続けたが、大海人皇子は数名の舎人《とねり》（下級役人）とともに東国に逃れ、一気に近江朝を倒してしまったのだ。

なぜ大海人皇子は、朝廷の正規軍に勝つことができたのか。最大の勝因は、尾張氏が加勢したからなのだが、『日本書紀』はそれを記録していない。なぜわかるかというと、『日本書紀』の次に記された正史『続日本紀』の中に、次の尾張氏にまつわる記事が残されていたからだ。

『続日本紀』霊亀二年（七一六）四月条に、壬申の年の功臣の子らに田を賜ったとあり、その中に尾張宿禰大隅の子・稲置《いなき》の名が挙がっている。また、天平宝字《てんぴょうほうじ》元年（七五七）十二月にも壬申の乱の功臣にまつわる話の中に、尾張宿禰大隅の名が登場し、功田《こうでん》を三世に伝えさせたとある。しかも、尾張宿禰大隅の詳細な活躍も以下のように記録されている。

大海人皇子が吉野から逃れ、東国入りした時の話だ。

「時に大隅は迎えて導き、私邸を清めて行宮《あんぐう》（仮の宮）となし、軍資を提供し、その功績は大きかった」

いまだ乱の行く末もわからず、勝てるあてもない大海人皇子に加勢した尾張氏の活躍は、特筆すべきものがある。

かつて『日本書紀』の編纂目的について、甥の大友皇子を殺して即位した天武天皇の正義を証明するためと信じられていたが、それならばなぜ、尾張氏は無視されたのだろう。

ちなみに、『日本書紀』編纂の中心に立っていたのは藤原不比等《ふひと》だったことが有力視されるようになってきた（森博達『日本書紀成立の真実』中央公論新社）。藤原不比等は中臣《なかとみの》（藤原）鎌足《かまたり》の子で、中臣鎌足は親《しん》蘇我派の大海人皇子（その背景はまたのちに）を敵視していたし、中臣鎌足亡きあと壬申の乱が勃発し、中臣鎌足が推していた大友皇子政権は滅亡してしまった。当然、藤原不比等はそのあと零落《れいらく》し、復活できたのは、天智天皇の娘の鸕野讃良皇女《うののさららのひめみこ》（のちの持統天皇）に大抜擢されたからだが、のちに実権を握って、父・中臣鎌足の正義を証明するために『日本書紀』は編纂されている。

つまり、『日本書紀』は天武天皇を敵視していたし、天武を後押しした者どもは、みな政敵だったと考えられる。蘇我氏を筆頭に、尾張氏も、憎い人びとだったのだろう。尾張氏の正体を明らかにできないのは、『日本書紀』が隠匿《いんとく》したからだ。

❖尾張氏は天皇家や物部氏と同族？

尾張氏の謎は複雑怪奇で、たとえば、『日本書紀』は尾張氏の祖を天皇家と結びつけている。なぜ『日本書紀』は、軽視している尾張氏を「正統で由緒ある一族」として記録したのだろう。しかも、尾張氏の祖の系譜は、固定されていない。ここにも謎がある。

『日本書紀』神代下第九段一書第六に、次の記事が載る。

「天忍穂根尊《あまのおしほねのみこと》（アマテラスの子・正哉吾勝勝速日天忍穂耳尊《まさかあかつかちはやひあまのおしほみみのみこと》）は高皇産霊尊《たかみむすひのみこと》の娘の栲幡《たくはた》千千姫万幡姫命《ちぢひめよろづはたひめのみこと》を娶り、天火明命《あまのほのあかりのみこと》を生んだ。次に、天津彦根火瓊瓊杵根尊《あまつひこねほのににぎねのみこと》（天皇家の祖。以下、ニニギ）を生んだ。その天火明命の子・天香山《あまのかぐやま》は、尾張連の遠祖《とおつおや》だ」

このあと、出雲の国譲りが描かれ、さらにニニギによる天孫降臨《てんそんこうりん》が語られていく。

この記事から、尾張氏の遠祖が天皇家と同じ根っ子から生まれていたことがわかる（そのように『日本書紀』が認めていたわけだ）。

ちなみに、ここにある「天香山」に「命」の尊称が抜け落ちていて、これも大きな謎なのだが、『日本書紀』は尾張氏を軽んじていて、こういう細かいところで意地の悪い表現をしているように思えてならない。

『日本書紀』の同段の別の一書には、すでに登場した「天火明命」が「天照国照彦火明《あまてるくにてるひこほのあかりの》命《みこと》」の名で再登場し、尾張連の遠祖とある。

さらに時代がずれて、ふたたび尾張氏の祖が登場する。天孫降臨を果たしたニニギが、日向《ひむか》（南部九州）の鹿葦津姫《かしつひめ》（木花之開耶姫《このはなのさくやひめ》）を娶り、火明命が生まれたと言い、これも尾張連らの始祖とある。不自然な記事だと思う。

ちなみに、ニニギと鹿葦津姫の間に生まれたのが、火闌降命《ほのすそりのみこと》（海幸彦《うみさちひこ》）と彦火火出見《ひこほほでみの》尊《みこと》（山幸彦《やまさちひこ》）で、前者は隼人《はやと》の祖で、後者は天皇家の祖にあたる。『日本書紀』の尾張氏の祖をめぐる設定には時間の矛盾が生まれているが、尾張氏が天皇家と深くつながっていたことを示していることに変わりはない。

ただし、この尾張氏と天皇家の祖を結びつけた『日本書紀』を信用する学者は少ない。神話の世界の話であり、意図的に系譜を創作したと考えられてきたのである。

もうひとつ、不可解なのは、平安時代に記された物部系の歴史書『先代旧事本紀』の中で、尾張氏の祖が「物部氏とつながっていた」と記されていたことにある。尾張氏は物部氏と同族だったと主張していて、それを強調する目的もあってか、『先代旧事本紀』（「天《てん》孫本紀《そんほんぎ》」）は尾張氏の系譜と来歴を、詳しく述べている。そこでその内容を追っておこう。

物部氏の祖は天照国照彦《あまてるくにてるひこ》天《あまの》火《ほ》明《あかり》櫛玉《くしたま》饒速日尊《にぎはやひのみこと》で、別名はいくつもある。天火明命、天照国照彦《あまてるくにてるひこ》天《あめの》火《ほ》明《あかり》饒速日尊《にぎはやひのみこと》、饒速日命《にぎはやひのみこと》（以下、ニギハヤヒ）といい、ニギハヤヒは天上

ニギハヤヒの系図

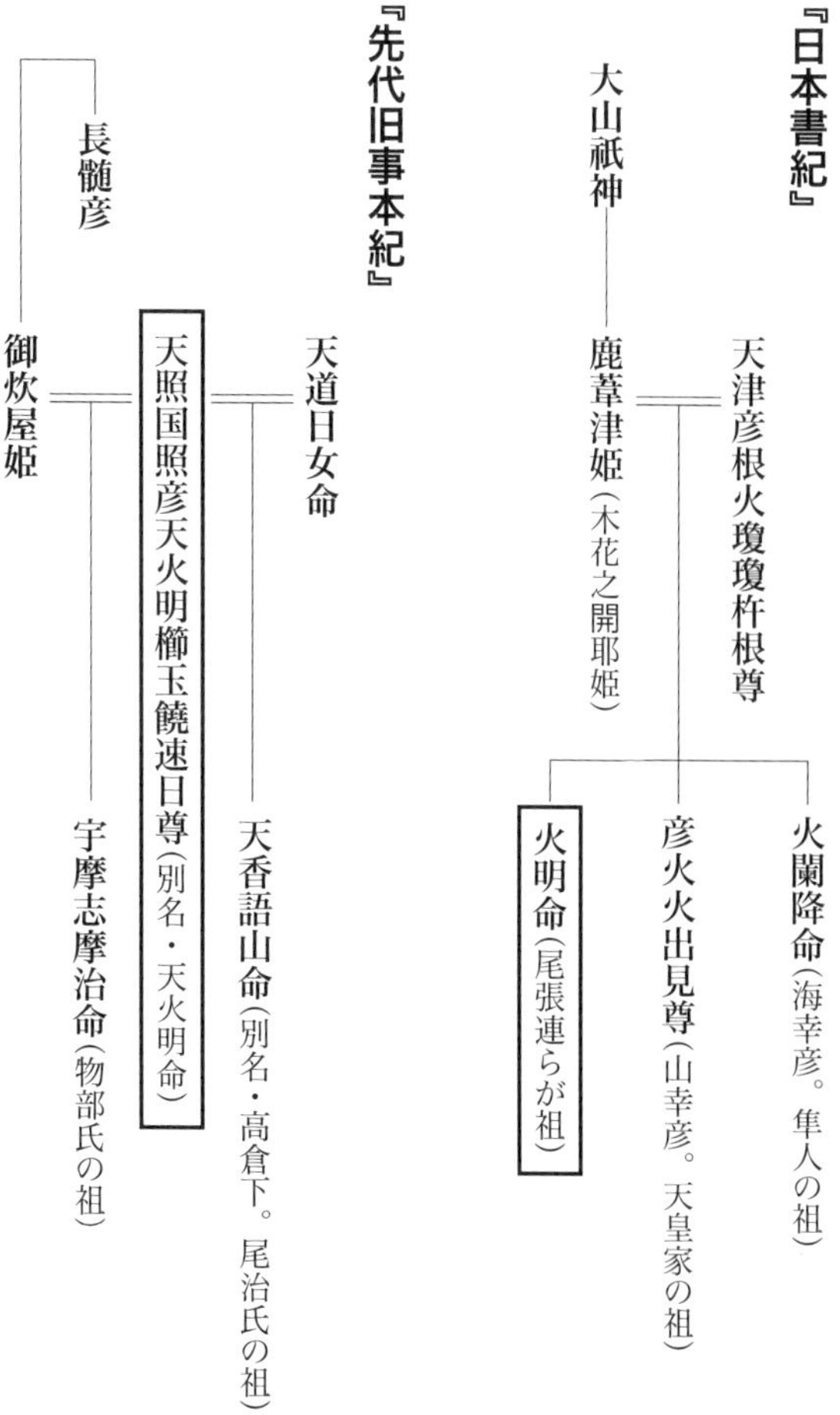
『日本書紀』
天津彦根火瓊瓊杵根尊
大山祇神
鹿葦津姫（木花之開耶姫）
火闌降命（海幸彦。隼人の祖）
彦火火出見尊（山幸彦。天皇家の祖）
火明命（尾張連らが祖）
『先代旧事本紀』
天道日女命
天照国照彦天火明櫛玉饒速日尊（別名・天火明命）
天香語山命（別名・高倉下。尾治氏の祖）
長髄彦
御炊屋姫
宇摩志摩治命（物部氏の祖）

界で天道日女命《あまのみちひめのみこと》を妃《みめ》にして、天香語《あまのかご》（具《ぐ》）山命《やまのみこと》を生んだ（天降《あまくだ》ったあとの名は「手栗彦《たぐりひこの》命《みこと》」だ）。この命はのちに紀伊国熊野邑《きのくにくまののむら》に住まわれた。この天香語山命の末裔が、尾張氏である。また、ニギハヤヒは天上界から舞い下りてきて、長髄彦《ながすねびこ》（以下、ナガスネビコ）の妹の御炊屋姫《みかしきやひめ》を娶り宇摩志麻治命《うましまちのみこと》（以下、ウマシマチ）が生まれた。このウマシマチが物部氏の祖にあたる。つまり、物部氏と尾張氏は、ニギハヤヒの末裔で同族だと言っている。

ちなみに、天香語山命の別名のひとつに「高倉下《たかくらじ》」があって、この人物は『日本書紀』にも登場している。神武《じんむ》天皇が東征したおり、ナガスネビコの抵抗にあい、紀伊半島を迂回したが、ここで高倉下が神武天皇を助けている。『日本書紀』は高倉下の素姓をハッキリ書かなかったが、『先代旧事本紀』は尾張系だと主張していたことになる。この話、後々重要な意味を持ってくるので、覚えておいてほしい。

無視できないのは、「火明」の二文字が、『日本書紀』と『先代旧事本紀』の物部氏の祖のニギハヤヒと、尾張氏の祖の間で共有されていることだと思う。だからこそ、余計に混乱してくる。『日本書紀』は、尾張氏について天皇家と親族だと言い、尾張氏の祖の名に「火明」をあてがい、『先代旧事本紀』は、「火明」は物部氏の祖の「天照国照彦天火明櫛玉饒速日尊」であり、その子が尾張氏の祖と言っている。

研究が進み、この矛盾する二つの歴史書の記事は、物部氏と尾張氏それぞれの家記を、後の世につなぎ合わせた結果と考えられている。つまり、本来物部氏と尾張氏は別の系譜を持っていたというのだ。それはそうとしても、なぜ、尾張氏の血統を『日本書紀』と『先代旧事本紀』で奪い合っていたのか、その理由が知りたい。『日本書紀』は、尾張氏をさんざん無視しているのに、「同族」と言っている。どうにも不可解だ。

❖出雲いじめで手を組んだ物部と尾張

『先代旧事本紀』の主張を軽視できないのは、物部氏と尾張氏が、長い間行動をともにしていた可能性が高いからだ。神話の時代、出雲の国譲りの場面で、両者の関係は始まる。葦原中国《あしはらのなかつくに》の支配を目論《もくろ》む天上界（高天原）の高皇産霊尊だったが、工作員として送り込んだ天穂日命《あまのほひのみこと》や天稚彦《あめわかひこ》は出雲に同化してしまって、役目を果たさなかった。そこで最後の切り札に選ばれたのが、経津主神《ふつぬしのかみ》（以下、フツヌシ）と武甕槌神《たけみかづちのかみ》（以下、タケミカヅチ）だった。前者は物部系の、後者は尾張系の神だ。

ちなみに、フツヌシが物部系の神だったことは広く知られているが、タケミカヅチ＝尾張系という仮説は少数派だ。ただ、その根拠に関しては、すでに他の拙著の中で詳述しているので、簡単に説明しておく。

『古事記』はタケミカヅチと関わりの深い剣の名を「天之尾羽張《あまのおはばり》」「伊都之尾羽張《いつのおはばり》」と呼んでいる。伊都之尾羽張の子がタケミカヅチだったとする。タケミカヅチは「尾羽張」と関わり、ここでタケミカヅチと「尾張」のかすかな接点を見出すことができる。また、出雲の国譲りに尽力したタケミカヅチは、「迦具土神《かぐつちのかみ》」の末裔と言っている。「かぐつち」で連想されるのは、ヤマトを代表する霊山・天香具山で、尾張氏の祖の名も、天香具（語）山命であった。

もうひとつ補足しておくと、タケミカヅチは藤原系の神と考えられているから、尾張氏とのつながりは、無視されてきたのだ。しかし、名門一族・尾張氏の祀る神を、藤原氏が奪った可能性が高い。それが、鹿島神宮《かしまじんぐう》の武甕槌神（タケミカヅチ）だろう。

関東を代表する鹿島神宮（茨城県鹿嶋市）と香取《かとり》神宮（千葉県香取市）は、利根川を挟んで仲良く並んでいるが、それぞれの祭神が武甕槌神と経津主神（フツヌシ）で、出雲国譲りで活躍した神々だ。奈良時代、藤原氏が実権を握ると、鹿島神宮の祭神の武甕槌神を勧《かん》請《じょう》し、春日大社《かすがたいしゃ》の主祭神に据えている。『日本書紀』は藤原（中臣）氏の祖神を天児屋命と言っているが、いつの間にか藤原氏は、武甕槌神を丁重に祀り出したのだ。そのため、藤原氏の歴史書『藤氏家伝《とうしかでん》』は、藤原氏の祖神を鹿島神宮の武甕槌神と言い出した。その推理が、中臣鎌足はもともと鹿島神宮の神職で、彼の地からヤマトに乗り込んだとする推理が、（思いのほか）支持されるようになった。しかし、『日本書紀』編纂の中心に藤原不比等が立っていたこと、『日本書紀』が中臣氏と武甕槌神の関係をまったく「匂わせていない」点は、無視できない。茨城県の鹿島神宮の周辺では、「中臣があとからやってきた」と言い伝えられている。

武甕槌神は日本を代表する神の一柱である。藤原氏の祖神・天児屋命の格が低いため、より位の高い神を無理矢理手に入れた形になった。そして、武甕槌神が尾張系の神だったからこそ、『日本書紀』は、尾張氏の正体を抹殺したのではあるまいか。

それはともかく、歴史時代に入っても、ヤマト政権による出雲いじめは続いていて、その尖兵に選ばれたのが、物部氏と尾張氏だった。これは経津主神と武甕槌神のコンビに重なって見える。

尾張氏は日本海にもいくつか拠点を構えていて、丹後《たんご》半島の付け根には、籠《この》神社（京都府宮津《みやづ》市）が鎮座し、海の道の要衝《ようしょう》を固めている。また、彌彦《やひこ》神社（新潟県西蒲原郡）の山頂には、天香具山命の墳墓が存在する。

伝承によれば、物部氏の祖のウマシマチ（ヂ）と尾張氏の祖の天香具山命は、ヤマト建国後この地を訪ね、土地を開墾し、新技術を伝授したと言い、ウマシマチはその足で、石見国《いわみのくに》（島根県西部）に向かい、出雲国との境に住むようになったという。これが物部神社《もののべじんじゃ》で（島根県大田市）、日本海の流通の拠点に楔《くさび》を打ち込んでいることがわかる。出雲の国譲り神話そのまま、出雲いじめをしていたのだ。

籠神社、彌彦神社、物部神社の三カ所が、物部氏と尾張氏の拠点だったところに、出雲（日本海勢力）VS.物部＋尾張の戦略が見てとれる。

ちなみに、物部氏が瀬戸内海勢力だったことは、あとでお話しする。

❖尾張氏の系譜諸説① ヤマトの出身？

尾張氏はどこからやってきたのだろう。東海地方で成長したのか。まず歴史書に示された矛盾する系譜の意味を調べる必要がある。

『日本書紀』と『先代旧事本紀』のどちらが尾張氏の正しい系譜なのだろう。あるいは、どちらかが嘘をついているのか、どちらも嘘をついているのか、もともとどの系譜もでたらめなのか、この段階では、見当がつかない。

『先代旧事本紀』に記された尾張氏の詳細な系譜にも、謎がある。

すでに述べたように、『先代旧事本紀』は尾張氏の祖・天火明命と物部氏の祖・ニギハヤヒ（饒速日命）を同一視し、また天火明命から続く尾張氏の第十八代までを記録しているが、第十代淡夜別命《あわやわけのみこと》と第十一代乎止与命《おとよのみこと》の間に、不可解な断絶がある。親子関係を記録していないのだ。その代わり、乎止与命と子の建稲種命《たけいなだねのみこと》が、尾張の豪族と婚姻関係を結んでいる。ちなみに乎止与命は、第十三代成務《せいむ》天皇の時代の人で、ヤマトタケルと同時代人になる。

尾張氏研究の第一人者・新井喜久夫は、『古事記』に登場する尾張氏のミヤズヒメは、ヤマトタケルと結ばれていたが（要は、乎止与命と同世代）、『先代旧事本紀』には、ミヤズヒメが登場しない点に注目している。これらの事実を重ねて、乎止与命以降が最初の尾張氏の系譜であり、それ以前のものは、のちに作られたものと推理している（『信濃　第三次　21巻』信濃史学会）。

乎止与命が尾張国の有力な首長たちと婚姻関係を結び、国造に昇りつめたのであり、尾張氏の始祖は、本来乎止与命と考えられていたのではないかと指摘した。

また、尾張氏は地方豪族として氏族系譜を作り上げていたが、六世紀以降、ヤマト政権と深く関わりを持つようになったことを、新井喜久夫は「家柄を天皇家に結びつけていくという、そういう作為を行なった」と推理している。アマテラスの孫の天火明命が尾張氏の祖と主張し、天皇家の祖先系譜の世代数と矛盾が生まれた結果、尾張氏の系譜を引き延ばしてしまったという。「系譜の二次的な創作」だという（『継体大王と尾張の目子媛』網野善彦・門脇禎二・森浩一編　小学館）。

一方、尾張氏を葛城出身とみなす学説が多くの学者から提出されている。尾張氏は第十代まで葛城で活躍し、第十一代の乎止与命になって尾張に移ったと解釈した。

すでに江戸時代、国学者・本居宣長《もとおりのりなが》は、尾張氏の本貫《ほんがん》はヤマトの葛城地方と考えていた。そして、崇神天皇の時代にここから東に移って、東海地方に地盤を築いたという。この仮説が、いまだに有力視されていることにもなる。

その最大の根拠は、『先代旧事本紀』に示された尾張氏の系譜の中で、天香語山命の孫の代から、数代にわたって、葛城地方の人脈と血縁関係を結び、葛城の地名を名に負う者も現れていることだ。それらの「尾張系の人びと」は、『日本書紀』や『古事記』にも登場していて、ヤマト政権の古い時代に、尾張氏が葛城地方と強くつながっていた可能性が高い。

また、葛城地方には「高尾張《たかおはり》」という地名もあって（『日本書紀』に、「高尾張邑、ある本には葛城邑と」とある）、尾張氏と葛城は、血縁、地縁でつながっていた様子が見てとれる。

❖尾張氏の系譜諸説② 渡来系海人族で西から東に移動した？

「尾張氏東漸《とうぜん》説」は、根強いものがある。

たとえば宝賀寿男は『尾張氏』（青垣出版）の中で、尾張氏には強い「海人《あま》性」がみられ（それは間違いない）、海人族が日本に渡来したあと、彼らは北九州沿岸部から長い年月をかけて日本列島各地に移動したことは否定できないと断言している。

しかし、日本列島の海人のことごとくが渡来系であったという思い込みと、古代の文化や人が、常に西から東に移動していたというかつての常識には、従いかねる。

ここで注目しておきたいのは、想像以上に古い時代の、南部九州の様子なのだ。

鹿児島県指宿《いぶすき》市の水迫《みずさこ》遺跡からは、後期旧石器時代終末の（縄文時代に入る直前の約一万六千年前。この時代は獲物を追いかけて移動する生活が続いていたと信じられていた）の竪穴《たてあな》住居跡や道路状遺構、石器製作所、杭列《くいれつ》などが出土している。これまでの常識では考えられない先進性なのだ。

なぜ、南部九州に、突出した文化が花開いたのか、謎に満ちているが、東南アジアからの移住があったようだ。

縄文時代草創期から早期にかけて、鹿児島県霧島市周辺に、想定外の遺跡が見つかっている。それが、上野原《うえのはら》遺跡（鹿児島県霧島市国分）の発見で、縄文早期前葉に、すでに南部九州では安定した定住生活が始まっていたことがわかった。計五二棟の竪穴住居が見つかっている。また、いち早く平底の土器（円筒形土器）が使われていたこともわかってきた。縄文時代早期の他の地域の縄文土器は、底が尖っていた（地面に突き刺した）のである。

彼らは漁撈《ぎょろう》をする海人で、東南アジアの幻の大陸・スンダランドから直接移住してきたようだ。地球レベルの温暖化が始まり、海水面が上昇して、タイランド湾から南シナ海にかけてかつて存在した広大な平野・スンダランドが水没してしまったため、その住民が黒潮に乗って直接日本列島にたどり着き、豊かな縄文文化の花を咲かせたのだ。

ところが、今から七千三百～六千五百年前、南部九州の鬼界《きかい》カルデラが大噴火を起こし、大量の火砕流が噴出し、津波があたりを襲った。

半径一〇〇キロの地域が、一瞬で壊滅し、火山灰は東北地方まで達している。縄文時代、西日本の人口が少なかったのは、この時の火山灰が原因ではないかと考えられてもいる。少なくとも南部九州は、人が住めなくなり、生き残った南部九州の海人たちは散り散りに逃げ惑い、こののちの日本列島で活躍する海の民の祖となり、縄文の海人になっていった。

ちなみに、渡来系と目される北部九州を拠点とした阿曇《あずみ》氏も、独自の入墨《いれずみ》をしているが、古墳時代の海人たちの入墨の文様は、縄文時代から系統をたどることができると指摘されている。

五島《ごとう》列島の海人の末裔は、近代に至るまで、縄文的な風俗を捨てていない（抜歯など）。古代日本の海人のすべてを渡来系と断言することは、もはや不可能なのだ。

何を言いたいかというと、「海人は渡来系だから西から東に移動した」という仮説を用いて、「つまり尾張氏も、西から東にやってきた」という推理は成り立たないのである。西から東に移動したかもしれないが、「海人が渡来系だから、海人的要素をもつ尾張氏も同じように行動した」という導き方は、できないのである。

❖尾張氏の系譜諸説③　東海地方出身？

尾張氏東漸説とは逆の発想もある。尾張氏は東海地方が地盤で、ヤマトに進出していたというのである。

たとえば松前健は、五世紀半ば以降、ヤマト政権の東国経略に尾張国の有力な族人の一部（尾張氏ら）が荷担したとする。その際、彼らは連絡機関をヤマトの葛城に構えていたのではないかという（『日本書紀研究　第五冊』三品彰英編　塙書房）。

ただし、その設置の時代が古かったために、由来が忘れ去られてしまい、尾張氏は葛城で生まれ東に移動したと考えられたという。そして、ヤマトの尾張氏が本家と誤解されたのではないかという。

また、葛城に作られたのは出先機関にすぎなかったから、ヤマトの中心勢力の物部氏、大伴《おおとも》氏、蘇我氏、中臣氏等に圧倒され、衰えていったと推理した。

松前健だけではない。尾張氏が東海の雄族だったという説も、少なくない。

新井喜久夫は五世紀末から六世紀のはじめにかけて、尾張氏は尾張の支配権を握り、継体天皇擁立《ようりつ》に尽力し、外戚に立ったことで（継体天皇に尾張の目子媛が嫁いで、安閑《あんかん》、宣化天皇が生まれている)、「有力な内廷関係氏族の一つ」となって「連姓」を下賜されたと指摘した。

ヤマトの王家に何度も尾張氏の娘が嫁いだという『日本書紀』の話も、内廷の有力者になったからこそ、話を創作できたと推理した(『愛知県の歴史』塚本学・新井喜久夫著　山川出版社)。

上遠野浩一は尾張国における尾張氏の痕跡は見つけやすいが、ヤマトではほとんど見つからないことから、葛城発生説を否定する。「尾張氏は尾張国において自生した宗教的部族的団体の首長」だと言い、「尾張国とヤマト政権との関わりは、継体朝にかなり深いものに発展するが、それ以前においては、ヤマトタケル伝承に見られるごとく、ヤマト政権の東国侵略の過程でとらえられるべきだろう」(『日本書紀研究　第二十三冊』横田健一編　塙書房)と述べている。ヤマト政権は伊勢湾沿岸部や木曽川水系の「水運力」に期待していたという。また、塩や海産物の供給場所として大切で、これら貢納を通して尾張氏は内廷とつながっていったと推理した。

加藤謙吉は、尾張国における尾張系豪族の分布状況を洗い直している。その結果、「尾張氏の勢力が国内に万遍なく広がり、他の在地土豪を圧倒していた」と言い、このようなケースは全国的に見ても特異であり、尾張氏は尾張に発生した豪族とみなす。

ただし「尾張氏」は血のつながりが同じなのではなく、尾張国の各地を拠点にしている雑多な系統の在地首長集団が連合して、「尾張」を氏名にして擬制的同族集団を形成し、それを統率する中核的グループが存在したのではないかと推理している（『日本古代の豪族と渡来人』雄山閣）。

これら尾張氏＝尾張国（東海地方）出身説をとるならば、いつごろ尾張氏は中央に進出したと考えるべきなのだろう。

新井喜久夫は、古い時代に尾張氏の后妃記事が載っていることから、尾張氏の前身は「年魚市県《あゆちのあがた》（尾張国愛智郡。愛知県名古屋市熱田区）」の県主《あがたぬし》と推理し、ヤマト政権に伊勢湾沿岸部の魚介類を納め、早い段階で内廷と関わりを持っていたと考えた。

これに対し加藤謙吉は、実在の尾張系の后妃は継体天皇の妃の目子媛だけと言い、継体即位かその前後に、尾張氏は中央進出を果たしたと考えた。ただし、継体擁立を実現させた尾張氏だが、尾張氏は出世することなく、多くは下級官僚の地位に甘んじていて、加藤謙吉は「この氏の役割を過大に評価することは慎まなければならない」（前掲書）と、手厳しい。あくまで、継体を支持した一派にすぎないという。

最初にヤマトに乗り込んだのは東海系勢力

しかし、尾張氏をめぐるこれらの論考は、もはや通用しないのではあるまいか。ヤマト建国の考古学資料が出揃った今となっては、別の視点から尾張氏を論じなければならないからだ。

たとえば弥生《やよい》時代の終わり頃（二世紀後半から三世紀のヤマト建国の直前）、東海地方で大きな変革が起きていて、そのあと、東海地方がビッグバンを起こし、文物と人びとが四方に飛び出し、その流れの中で、二世紀末から三世紀初頭に、奈良盆地の東南の隅に、東海勢力がなだれ込み、さらに纏向《まきむく》遺跡が誕生していた。これが、ヤマト建国につながっていくのだ。しかも纏向遺跡に集まってきた外来系の土器の約半数が、東海系のものだった（割合は東海四九％、山陰・北陸一七％、河内一〇％、吉備七％、関東五％、近江五％、西部瀬戸内三％、播磨三％、紀伊一％）。ちなみに、「東海」とひとくくりにしてしまっているが、その中心勢力は、「伊勢湾沿岸部」だった。

そして、東海系の流入がきっかけになって、他の地域の首長たちが、あわててヤマトに乗り込んできた可能性が高まってきたのだ（詳細はのちにふたたび触れる）。

この事実だけでも、東海勢力はヤマト建国に関わっていたことがわかる。つまり、考古学は、ヤマト建国時の東海勢力の想定外の活躍を示したわけだ。ところが、東海地方を代表する首長、豪族がだれなのか、まったくわかっていない。

しかし、ヤマト建国のきっかけを作った東海の王の末裔が、尾張氏だった可能性が出てくる。

ならばなぜ、いまだに東海に対する評価は低いのだろう。

東海地方の土器が大量に纒向に流れこんでいたのに、史学者の多くがこれを軽視したのは、生活の土器が多かったからだ。これに対し吉備からもたらされた土器はわずかだったが、祭祀に用いる特別なもの（特殊器台《とくしゅきだい》・壺《つぼ》）だったため、吉備は重視され、東海の人びとは「労働力として狩り出された」と推理されてしまった。

これには邪馬台国《やまたいこく》論争も大いに関わっている。

纒向遺跡の発掘調査が進み、三世紀初頭にこの地に各地から人びとが集まり、ヤマト建国の気運が高まったことがわかってきた。そして、「魏志倭人伝《ぎしわじんでん》」（『三国志《さんごくし》』「魏書東夷伝《ぎしょとういでん》」倭人条《わじんじょう》の通称。以下同）に登場する邪馬台国の時代とかぶさっていた（まったく同じではないが）。さらに、箸墓《はしはか》古墳（箸中山《はしなかやま》古墳。奈良県桜井市）が、炭素14年代法（放射性炭素C14

の半減期が約五千七百年という性格を利用して遺物の実年代を測る方法）によって、もっとも古く見積もれば、三世紀半ばの造営だった可能性が出てきた（誤差が大きく四世紀の可能性も）。このため、箸墓は卑弥呼《ひみこ》の墓ではないかと邪馬台国畿内《きない》論者は考えた。もう、邪馬台国はヤマトで決まったと豪語する者も現れたのだ。少なくとも、邪馬台国畿内説が優勢になったことは間違いない（ただし私見は北部九州説）。

問題は、「魏志倭人伝」の記事に、「邪馬台国は北部九州の沿岸部から南に水行（船で）十日、陸行（歩いて）一カ月」と書いてあったことで、この「南」を「東」に読み直さなければ畿内説が成り立たないことなのだ。さらに、卑弥呼は狗奴国《くなこく》との戦闘中に亡くなるが、狗奴国は邪馬台国の南にあると記録されていて、「南は東」なのだから、「狗奴国はヤマト（邪馬台国）の東にあった国」となり、「それは東海地方ではないのか」と推理は広がっていったのだ。

つまり、畿内論者流の「魏志倭人伝」解釈によって、ヤマトと東海勢力は対立する関係にあったと考えられ、東海地方の土器が大量にもたらされたとしても、それは東海勢力が戦いで劣勢に立ち、労働力として狩り出される羽目に陥ったのだろうと考えられたのだ。

しかし、次章で詳しく触れるように、三世紀初頭（あるいはその直前）に、奈良盆地にいち早くやってきたのは東海勢力だった可能性が高く、そうなると「魏志倭人伝」に描かれた邪馬台国（ヤマト）と狗奴国の戦闘が三世紀半ばなのだから、纒向遺跡の諸勢力が分裂と内乱を起こしていたことになる。

しかし、これもありえない。不思議なことなのだが、弥生時代の各地の集落には、防禦《ぼうぎょ》を意識した環濠《かんごう》や環壕が造られ、外敵に備えていたのに、纒向遺跡には、今のところ、環濠や土塁《どるい》の類は見つかっていないのだ。纒向が戦乱に巻き込まれ身構えた様子は、まったくない。弥生時代後期の日本列島の様子を中国側の史料は、「倭国大乱《わこくたいらん》（二世紀後半）」と表現するが、纒向に、戦争の匂いはない。これが纒向遺跡の謎でもあるのだが、少なくとも邪馬台国と狗奴国の戦闘は、ヤマト政権と東海勢力の反目とは、考えにくい。

むしろ、東海勢力の働きかけによって、ヤマト建国の気運が高まったのであり、その様子は次章で改めて再確認するが、ここで確かに言えることは、「尾張氏は六世紀に中央進出した」わけではなく、「東海勢力は最初にヤマトに乗り込んだ」のであり、それが、尾張氏とどうからんでくるのかが、大きな問題となってくるのである。

第二章　ヤマト建国と「前方後方墳VS.前方後円墳」

❖北部九州を圧倒していたヤマト

東海勢力が三世紀の纏向《まきむく》遺跡の出現に大いに関わっていたにも関わらず、考古学の物証を素直に受けとめることができず、これを軽視（黙殺）していたがために、尾張《おわり》氏の正体を、これまで明かすことはできなかったのだと思う。

しかも、『日本書紀《にほんしょき》』編者がヤマト建国の詳細を熟知していて、その経過を正直に記録しなかったために、尾張氏の謎は、深まるばかりだった（『日本書紀』作者が歴史をよく知っていたことは、このあと明らかにしていく）。

いやちがう。尾張氏の正体を抹殺することに『日本書紀』は必死で、だからこそ、よく知られている歴史を、あらゆる手段を駆使してわからないようにしてしまったのではなかったか。『日本書紀』編纂の中心に立っていた藤原不比等《ふじわらのふひと》にとって、東海勢力や尾張氏の存在はじつに厄介で、カラクリを幾重にも用意して、彼らの存在を抹殺したとしか思えないのである。

そこでしばらく、ヤマト建国の考古学を、紹介しておこう。

まず、これまでのわれわれの常識を、一度まっさらにしておかなければならない。

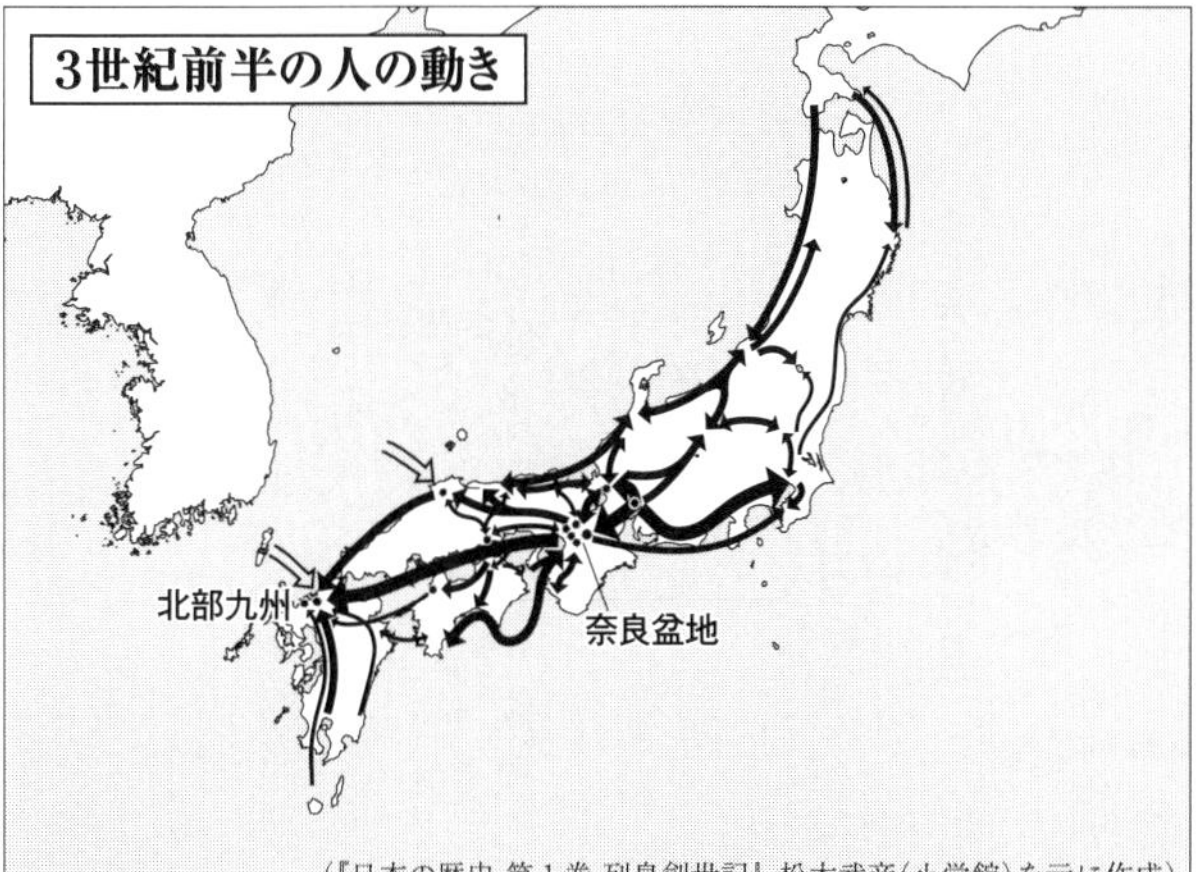

（『日本の歴史 第１巻 列島創世記』松木武彦（小学館）を元に作成）

弥生《やよい》時代後期の日本列島でもっとも栄え、富を蓄えていたのが北部九州だったことは、確かなことだ。そして強い王が生まれ、朝鮮半島や中国（後漢《ごかん》や魏《ぎ》）と外交関係を構築していた。これも間違いない。

当然われわれは、北部九州の強い王が東に移り、ヤマトが建国されたと、漠然と信じていた。江上波夫の騎馬民族日本征服説が、一世を風靡《ふうび》し、邪馬台国《やまたいこく》論争は長い間北部九州説が有力だったから、渡来系の王や、あるいは邪馬台国の王が、ヤマトに移ってきたという常識があった。

ところが、考古学が進展し、三世紀初頭に、ヤマトの纏向に方々から人びとが集まってきたことがわかってきた。その中に北部九州の人びとはほとんど含まれておらず、それどころか、ヤマトに集まった人びとは、北部九州に向かっていたことがわかっている。彼らは奴国《なこく》（福岡県福岡市と周辺）に拠点を構え、北部九州はヤマトの影響下に入っていったのだ。

なぜそのようなことがわかるかというと、当時の人々は「マイ土器」を背負って旅に出て自炊していたから、それぞれの地域（出身地）の個性的な土器が移動先に残っているのだ。そしてヤマトや山陰の人びとが、北部九州に集まっていたことが明らかになったのだ。

ちなみに、博多湾に面した西新町《にしじんまち》遺跡（福岡市早良《さわら》区）の三・四世紀の集落の土器は、在地系六三％に対し、三七％もの外来系土器が流入している。内訳は、畿内《きない》系二五％、山陰系九％、吉備《きび》系一％、伽耶系二％となっている。

東から北部九州に向けて人びとの移動があったことは、間違いない。纏向で生まれた初期型の前方後円墳《ぜんぽうこうえんふん》も、北部九州に伝播している。

❖弥生時代の気候変動と東海の発展

ここで問題にしたいのは、纏向遺跡に人びとが集まる直前の東海勢力の不思議な動きのことだ。東海勢力がヤマト建国のきっかけを作ったと筆者はみるが、その原因は、東海地方の混乱と発展にあったようなのだ。

酸素同位体比年輪年代法という新たな年代測定法が開発されて、古い時代の気候変動の詳細が明らかになり、弥生時代後期からヤマト黎明期《れいめいき》の東海地方の意外な発展の様子がわかってきた。

まず、酸素同位体比年輪年代法の研究家・中塚武は、弥生時代後期から古墳時代にかけて、長周期変動に突入していて、次第に寒冷化していったこと（古墳寒冷期）を明らかにしている（『気候適応の日本史』吉川弘文館）。この気候の移り変わりが、東海地方に激震をもたらし、ヤマト建国のきっかけになっていった可能性が高い。

ちなみに、日本列島に稲作が伝わってきたのは紀元前十世紀後半のことなのだが（炭素14年代法による）、この直前、朝鮮半島の気候は、それ以前の千年間の中でももっとも寒く、長期化する凶作に陥っていた可能性が高いという。そこで、朝鮮半島の人びとは相対的に温暖な日本列島に稲作を伝えたのではないかと、中塚武は推理している。

さらに、弥生時代後期に西日本を中心に高地性集落が営まれていた。これは戦乱を回避するためと考えられてきたが、紀元前一世紀に始まる急激な寒冷化、湿潤化（多雨）による洪水からの避難、災害対応の可能性を疑うべきだと、主張している（前掲書）。

古墳時代への移り変わりが紀元前一世紀の「気候の長期変動におけるレジームシフトが起きた時期」ではなく、紀元二世紀の「気候の中期変動の振幅拡大が起きたタイミング」と重なっているところに大きな意味が隠されていると、中塚武は指摘している。人間社会は、長期の気候変動より、数十年周期の変動に脆弱なのだという。長期ならば、対策を練れるが、数十年に一度訪れる災害や干魃《かんばつ》、洪水に、人間はもろい。生まれてはじめての悲劇的で壊滅的な体験をすることになるからだ。

この中期変動の振幅拡大によって、東海地方に大きな変化が起きたようなのだ。

そもそも東海勢力は、北部九州や山陰、瀬戸内海勢力と比べて、あらゆる面で出遅れ気味だった。鉄器の保有量は少なかったし、そもそも、ゆるやかなネットワークを重視していて、強い王の発生を嫌っていたようなところがある。それがよくわかるのは、巨大銅鐸《どうたく》の出現なのだ。

弥生時代後期の近畿《きんき》地方南部と東海地方は、銅鐸文化圏だった。銅鐸はみるみる巨大化していった。それは、地域や集落の首長ひとりに威信財を持たせるのではなく（巨大銅鐸はひとりでは持ち運べず）、地域全員で祭りを営むために、銅鐸を巨大化させていったと考えられている。

❖二世紀初めから急成長した東海地方

巨大銅鐸は、権力の集中を避ける智恵だった。東海地方は、ゆるやかな体制を維持していたわけだ。

ところが、二世紀の初め頃に（西暦一〇〇年前後）、東海地方の情勢に、大きな変化が起きていた。すでに述べたように、この時期、巨大地震や天候不順（寒冷化）による洪水が頻発して、巨大集落や環濠《かんごう》集落が消滅していくのだ。気候の周期の振幅拡大によって社会は混乱し、それまでの祭祀《さいし》形態の見直しも進められ、鐸は捨てられていく。

赤塚次郎は、二世紀初め、地域再生プロジェクトが始まったのではないかと推理し、次のように語っている。

「気象変動によって地域の環境がおかしくなる。これをどういうふうに立て直し、地域を守って行くか、まさに新しい地域社会を作りだすミッションが生まれて、そのミッションを施行する力強いリーダーが必要とされ、選ばれてゆく」

と言い、地域を活性化する画期的な時代が到来したと指摘した（『邪馬台国時代の関東』香芝市二上山博物館友の会ふたかみ史遊会編・石野博信ほか著　青垣出版）。無視できない指摘だ。

そしてこのころ、濃尾《のうび》平野だけではなく、伊勢湾《いせわん》沿岸部全体をまとめるような仕組みが生まれていたようなのだ。

東海地方を代表するお祭り用の土器・S字甕《かめ》（口縁がSの字の台付甕）や人の顔の入墨《いれずみ》をモチーフとした「人面文」が出現して、さらに出入口が中央に位置する四角い墓が出現し、これがのちに前方後方墳《こうほうふん》（前も後ろも四角形）に発展していくのだが、これらの新文化が、部族社会に短時間で受け入れられていった。そして、伊勢湾沿岸部一帯が大きな塊になっていったのだった。

二世紀の終わり、東海系の文化が、東に伝播していく。北陸、中部高地、関東低地部、関東北部にS字甕が広がっていく。纏向の庄内式土器が移動するよりも早く、S字甕の拡散が起きていた。さらに、奈良盆地や熊野東部、瀬戸内海にもS字甕がもたらされ、古墳時代後期に至る三百年以上、使われ続けたのだ。

ちなみに、S字甕には、雲出川《くもずがわ》（奈良県と三重県の県境付近の三峰山《みうねやま》から伊勢湾に流れこむ）の砂礫《されき》を混ぜることが決まりごとになっていたが、雲出川周辺は、ヤマトから伊勢、東国に向かう重要なルートだった。

すでに述べたように、三世紀の纏向には東海系の土器が約半数持ち込まれていたが、その中でも伊勢湾沿岸部が中心になっていたと言ったのは、この時に出現したネットワーク社会を言っている。

❖北部九州＋出雲VS.タニハの争い

東海地方の発展はめざましいものがあったが、これには日本海側の働きかけが大きな意味を持っていた。その様子を説明しておこう。

弥生時代後期の最先端地域の北部九州は、朝鮮半島南部から鉄を仕入れ、鉄器を東に向かって流すことで、出雲《いずも》や吉備を味方に「囲い込んで」いた気配がある。その目的は、東に対抗することだ。かつての常識を当てはめれば、北部九州を中心とする「西」が「東」を圧倒していたと考えられるが、それほど単純ではない。

北部九州は朝鮮半島にもっとも近い地の利を利用して、富と鉄を蓄えていたが、「東側から攻められると弱い」という地政学的な弱点を抱《かか》えていた。

筑後川《ちくごがわ》の上流部、日田《ひた》盆地（大分県日田市）を東側の勢力に奪われると、手も足も出なくなる。事実、三世紀に日田市の高台の一等地に、政治と宗教に特化した環壕（濠）集落が出現していて、畿内と山陰の土器が流れ込んでいる。

逆に北部九州勢力が富と鉄剣を持って東に向かって攻めようと思っても、奈良盆地の西側の生駒《いこま》葛城《かつらぎ》山系《さんけい》が天然の要害になっていて、九州や瀬戸内海側からの攻撃に頗《すこぶ》る強い。しかも東の人口は西よりも多かったから、北部九州にとって奈良盆地に東の勢力が集まることは悪夢だった。だから、北部九州は東の成長を恐れたのだ。

本来なら、鉄器というお宝は、だれの手にも渡したくない文明の利器だったが、北部九州は国内での主導権を握るためにも、出雲や吉備をつなぎ止めておく必要があった。

こうして鉄を得て出雲は栄え、強い王が生まれ、四隅突出型墳丘墓《よすみとつしゅつがたふんきゅうぼ》を造り、さらに東に向けてこの埋葬文化を拡げていき、北陸も手を組んだ。

ところが、出雲と北陸に挟まれた地域が、ヘソを曲げ、四隅突出型墳丘墓を拒んだ。これが、タニハ（但馬《たじま》、丹波《たんば》、丹後《たんご》、若狭《わかさ》）の地域で、方形台状墓《ほうけいだいじょうぼ》を造り続けている。また、タニハは朝鮮半島東南部との間に独自の流通ルートを保持していたようで、鉄器を手に入れ、近江《おうみ》や東海地方と文物のやりとりをするようになっていく。

瀬戸内海から近江に向けて、銅の道が存在していたが、鉄は、タニハ（日本海）から近江に流入している。そして、タニハで方形台状墓が造られていた頃、近江の湖西では、方形周溝墓《しゅうこうぼ》が造られ、前方後方墳が出現する直前、近江に台状墓が現れた。これが、前方後方墳になった可能性が高い。

東海地方の発展は、このような「北部九州＋出雲VS.タニハ」の葛藤《かっとう》が生み出したとも言える。北部九州から越《こし》にかけての日本海側で鉄器の流通をめぐる主導権争いが勃発《ぼっぱつ》していて、これに瀬戸内海とヤマトと近江と東海地方が巻き込まれた形になる。朝鮮半島と日本列島を結ぶ交易の道の奪い合いでもある。当時の鉄の産地は朝鮮半島南部だった。

❖播磨と明石海峡をめぐる主導権争い

そこでもう少し、タニハの戦略を考えておきたい。

弥生後期後葉〜末期にかけて、北近畿は丹後を中心に、個性的な路線を歩むようになった。独自の祭式土器、台付装飾壺《だいつきそうしょくつぼ》や装飾器台《きだい》が編み出された。これが「西谷式《にしだにしき》」と呼ばれる土器様式で、丹後、但馬、若狭、北丹波、西丹波に拡散した。西のはずれが但馬（兵庫県豊岡市）で、東は福井県敦賀市まで、この文化圏に含まれている。このあと説明する新羅《しらぎ》（伽耶）王子・アメノヒボコの勢力圏でもある。

また、この西谷式土器の分布圏と重なるのが、「墓壙内破砕土器供献《ぼこうないはさいどききょうけん》」の文化圏で、墓壙に棺《ひつぎ》を納める直前、儀礼として土器を破砕した。

タニハ連合の関係地図（8世紀以前）

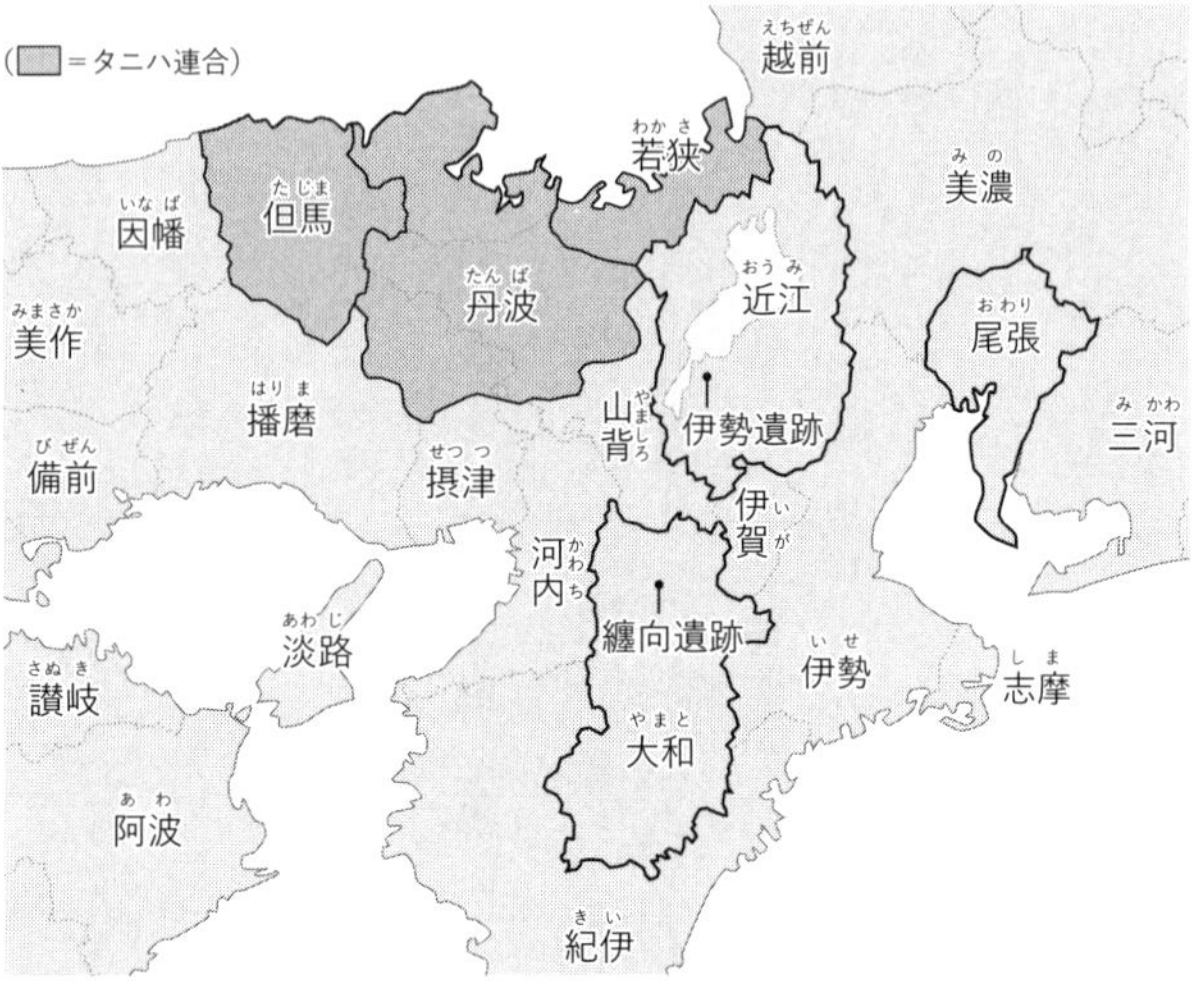

高野陽子は、この土器の様式でつながったゆるやかな文化圏を「大丹後」と呼んでいて（『邪馬台国時代の丹波・丹後・但馬と大和』香芝市二上山博物館編・石野博信ほか著　学生社）、筆者はこの地域を「タニハ」と記している。

弥生時代中期から後期の丹後では、土器様式を共有することで、ゆるやかな連合体を維持することに成功したという（石部正志『市民の考古学5　倭国大乱と日本海』甘粕健編　同成社）。このあり方は、朝鮮半島最南端の伽耶の国造りとよく似ている。すなわち、強大な権力の発生を嫌い、自治を重視した。自由闊達な商人や海人《あま》の集まりで、戦国時代の堺《さかい》のような自治を尊ぶ精神に通じているように思われる。このタニハの精神風土は、近江や東海、そしてヤマトにも通じるものがある。

このようなタニハの性格を踏まえた上で、次の話に進もう。鍵を握っているのは、但馬（兵庫県北部）のアメノヒボコである。

『播磨国風土記《はりまのくにふどき》』揖保郡《いぼのこおり》粒丘《いいぼのおか》の地名説話が興味深い。

アメノヒボコが「韓国《からくに》」から渡来し、宇頭《うず》の河口（揖保川《いぼがわ》）にやってきた時、アシハラシコオ（出雲の葦原志挙乎命《あしはらのしこおのみこと》。大国主神《おおくにぬしのかみ》の別名）と争った。アメノヒボコは垂仁《すいにん》天皇の時代に来日した歴史時代の人物だ。かたやアシハラシコオは出雲の神だから、時系列が嚙《か》み合わない。これをどう考えれば良いのだろう。

現存する『播磨国風土記』は、他の『風土記』とは異なり、朝廷《ちようてい》の検閲と摺り合わせ（『日本書紀』との口裏合わせ）を行なっていない。朝廷に提出された『播磨国風土記』は失われたが、地元に残されていた原本が、奇跡的に残っていたのだ。

つまり、『日本書紀』の記事と矛盾するからといって、『播磨国風土記』の記事を無視することはできない。アメノヒボコは第十代崇神《すじん》天皇を慕って来日したと『日本書紀』は言う。ようするにアメノヒボコはヤマト黎明期の人であり、まさにタニハと出雲が反目し、競《せ》り合っていた時期に近い。

とはいえ、タニハのアメノヒボコと出雲のアシハラシコオがなぜ瀬戸内海で争うのか、見当もつくまい。しかし、出雲とタニハそれぞれからV字状に播磨の瀬戸内海沿岸に向かって陸路が延びている。

タニハと播磨を結ぶ道は、日本海と瀬戸内海（太平洋）やヤマトを結ぶ重要な陸路で、分水嶺が海抜一〇〇メートルにも満たない平坦な道だった。元伊勢《もといせ》と呼ばれる豊受大神社《とようけだいじんじゃ》と皇大神社《こうたい》（どちらも京都府福知山市大江町《ふくちやま》）は、この街道筋にあって、交通の要衝《ようしょう》に鎮座していた。

その重要な道が交差する播磨には、明石《あかし》海峡が存在し、ここは海の道の「関」だった。瀬戸内海は四つの出入口すべてが狭く、しかも多島海だから、潮の満ち引きによって想像を超える潮流が生まれ、東西の水運のカナメになりえた。ただ、淡路島が南北の海峡を作り出し、通せんぼをしている形となり、またヤマトからみれば、瀬戸内海に蓋をしている形で、瀬戸内海を利用するには、明石海峡を確保する必要があった。

つまり、瀬戸内海そのものを生かすも殺すも、四つの出入口が鍵を握っていた。それぞれの海峡をだれが支配するかにかかっていて、ヤマトにすれば、真っ先に明石海峡を奪わ

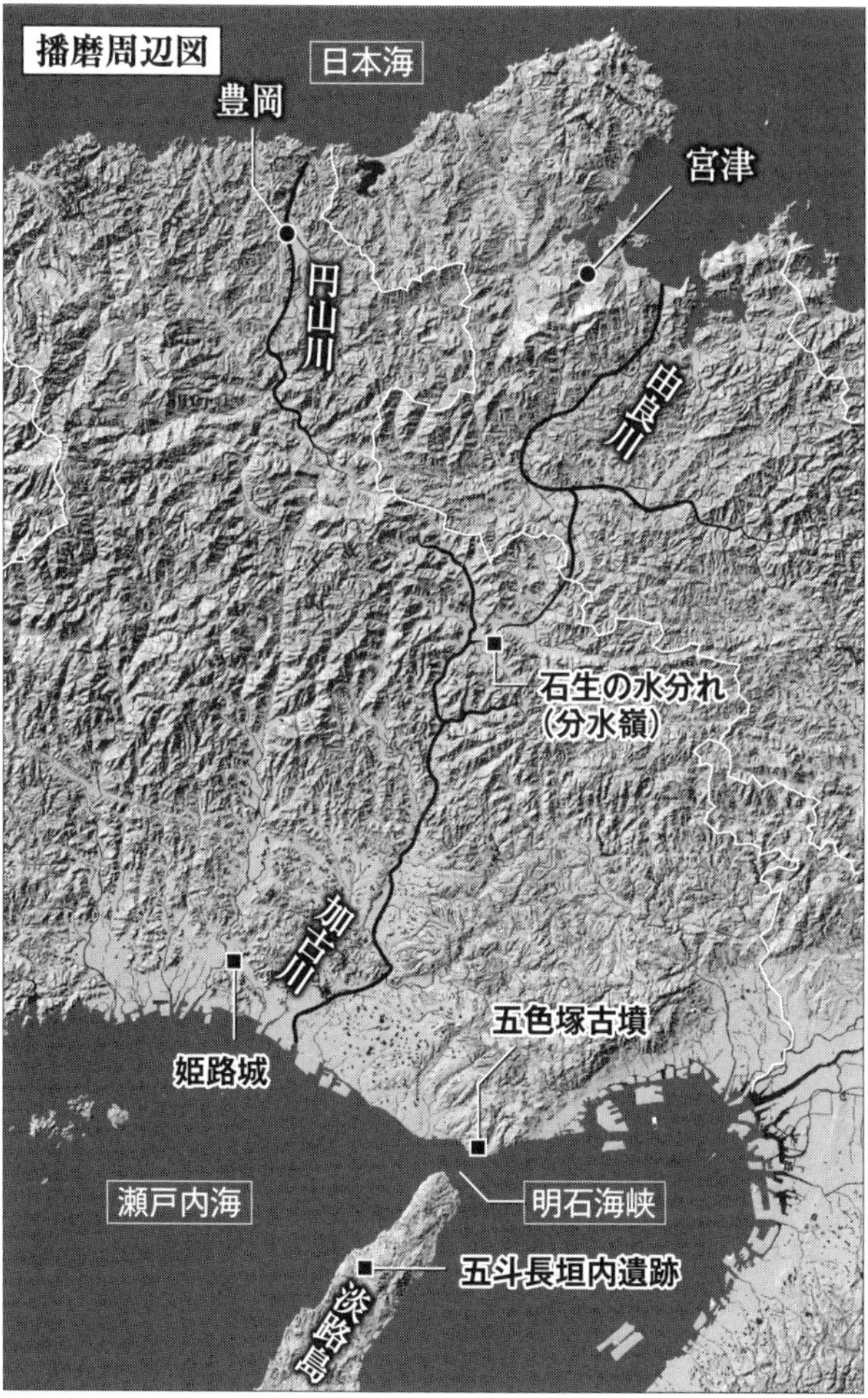

（国土地理院：陰影起伏図を加工して作成）

弥生時代末期頃の首長墓の墳形

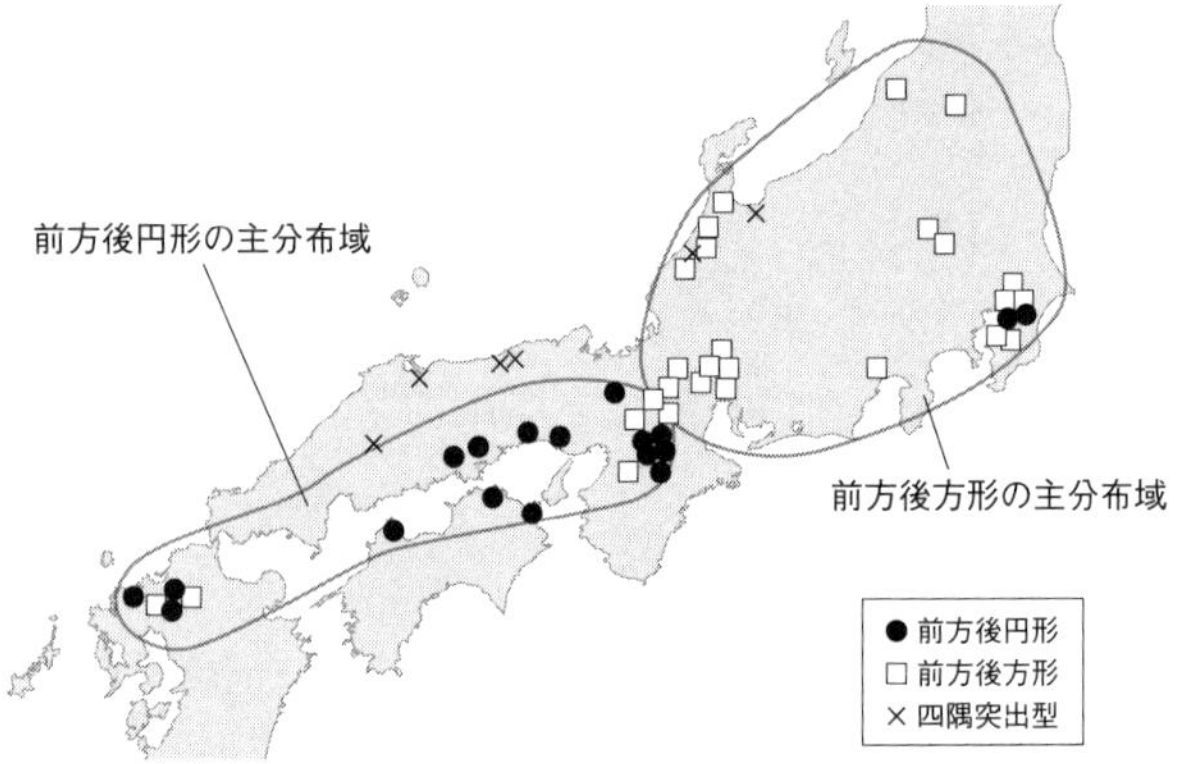

（『邪馬台国』平野邦雄編（吉川弘文館）を元に作成）

ねばならなかった。逆に、吉備や出雲も、ここを重視していた。ヤマトを封じこめるために、ここをふさいで管理する必要があった。だから、奪い合いが起き、播磨が主戦場になったわけだ。

タニハは出雲や北部九州を出し抜くためにも、近畿南部や近江、東海地方の発展を促し、その一方で、明石海峡を奪いにいったのだろう。それがアメノヒボコと出雲神の戦いという説話になって残ったのである。

タニハの戦略を、東海勢力も十分理解していたと思うし、タニハの期待をはるかに超えて、東海地方は発展していく。そして近江から東海地方にかけて、タニハの方形台状墓の影響を受けて前方後方墳が編み出されていった可能性が高い。この前方後方墳が、ヤマト建国の前後、重要な意味を持ってくる。

東海地域では、まず濃尾平野低地部に前方後方墳が造られ、犬山《いぬやま》扇状地、可児《かに》盆地、豊川水系に広がっていった。前方後円墳の導入は、やや遅れて、四世紀中葉のことになる。ただし、四世紀末葉に至るまで、それまでに造られた前方後方墳を超える大きさの前方後円墳は登場しなかった。

赤塚次郎は、三重県一志郡嬉野町《いちしぐんうれしのちょう》（現在は松阪市）に前方後方墳が集中して造られていた点に注目し、伊勢桑名から大垣市を経由して犬山方面に向かう地域に前方後方墳が盛んに造られたこと、それは、東山道に続くルートだったのではないかと推理している（『古墳時代の研究（11）地域の古墳Ⅱ　東日本』石野博信・岩崎卓也・河上邦彦・白石太一郎編　雄山閣出版）。

すでに触《ふ》れたように、東海地方では二世紀から新たな連合体が形成されていて一枚岩となり、S字甕を四方に送り込み、また前方後方墳を東に向けて発信したのだった。これが、ヤマト建国の直前のヤマト周辺の動きである。

このあと、一時的とはいえ、日本の東西を分断する形で、瀬戸内海を中心とする前方後円墳文化圏と近江から東側の前方後方墳文化圏が、くっきりと分かれていく。あまり、知られていないが、ここにヤマト建国の謎を解く鍵が隠されている。

❖「おおやまと」に集まってきた東海系土器

東海系の人びとは早い段階で奈良盆地入りしていて柳本《やなぎもと》遺跡群（奈良県天理市）に拠点を作り、纏向の土器に影響を与えていたようだ。しかも、纏向が出現するよりも、柳本に東海系の人びとが先にやってきた可能性があるという（赤塚次郎『古代「おおやまと」を探る』伊達宗泰編　学生社）。

二世紀末から三世紀初頭、纏向遺跡の一帯（おおやまと）に、まず東海地方の人びとがやってきた可能性が高くなってきた。奈良県桜井市から天理市にかけて、三世紀の各遺跡から、東海系土器が高い頻度で出土する。伊勢湾（一志郡）から雲出川を経由し、宇陀《うだ》に抜け、ヤマトに抜ける道をたどってきた土器である。

このヤマト黎明期に各地から人びとが集まってきてヤマト建国の気運を高めた纏向遺跡から柳本遺跡群一帯を、「おおやまと」と呼んでいる。

ちなみに、柳本遺跡群の「柳本」には、長岳寺《ちょうがくじ》があり、ここは大和《おおやまと》神社の神宮寺《じんぐうじ》だった。大和神社は今、少し離れた場所に鎮座するが、もともとは長岳寺の近くで祀《まつ》られてい

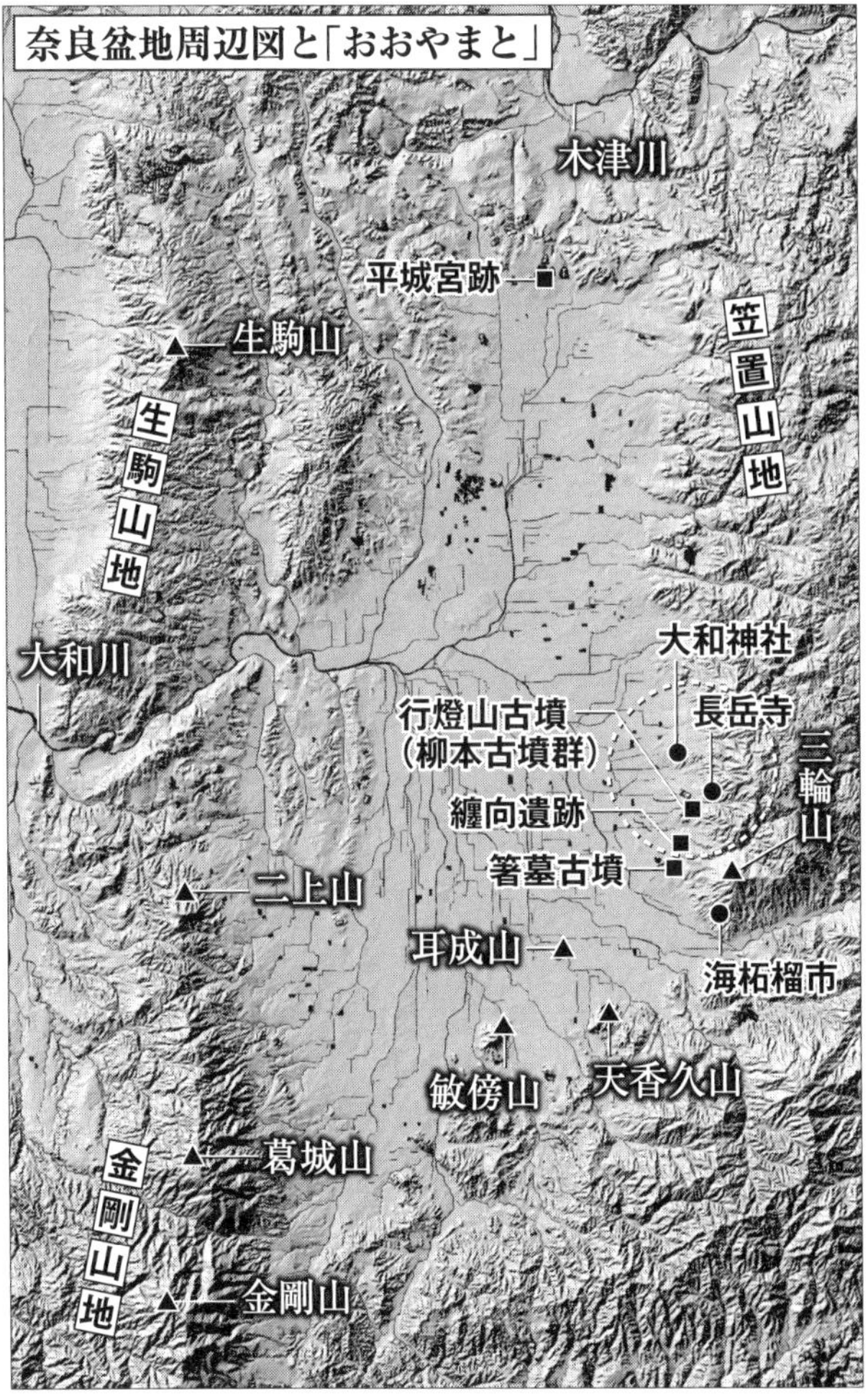

（国土地理院：陰影起伏図を加工して作成）

たようだ。唐突に長岳寺と大和神社の話をしたのは、のちに、柳本遺跡群と大和神社に重大な接点が登場するからだ。それはともかく……。

当然、纒向からS字甕は出土するが、纒向のS字甕には雲出川の砂礫が混じっているものが少ない。東海の人びとが纒向周辺にやってきて、ここでS字甕や東海系の土器を造ったと考えられている。ただ、粗雑な代物《しろもの》が多い。

また、東海系土器は、「尾張系」というよりも、三重県や中勢《ちゅうせい》（伊勢国中部。津《つ》市や松阪《まつさか》市、多気町《たきちょう》、明和町《めいわちょう》、大台町《おおだいちょう》、大紀町《たいきちょう》）の影響が強いという。伊勢神宮の北側の地域であり、ヤマトタケルが亡くなった能褒野《のぼの》の南側の地域だ。

さらに、ここが重要なのだが、纒向に外来系の土器が流入したピークよりも前段階に、東海系土器が流れこむピークがあった。

東海系の土器が纒向の土器に影響を与えた割合は少ないと考えられているが、纒向一式（初期の纒向の土器）の成立段階では、東海系土器の影響が及んでいた。纒向遺跡の「器台」は、吉備系と連想しがちだが、初期の段階では、東海系の要素も含まれていたことがわかっている。

この東海の動きが、「西（吉備と出雲）」を動転させた。奈良盆地を東海勢力がおさえ、タニハが明石海峡を手に入れれば、富や鉄器で風下にあった「東」が俄然優位に立つ。まず吉備があわてる。奈良盆地の強みは、西側に一列に並ぶ山並みが天然の要害になる。しかも、山脈が長大だから、大軍勢をもってしても、兵粮《ひようろう》攻めに持ち込むことは不可能だ。鎌倉時代に楠正成《くすのきまさしげ》は葛城山系を背に鎌倉幕府の雲霞の如く押し寄せる軍団を、わずかな兵力ではね返している。

こうして、北部九州とつながっていた吉備と出雲は、ヤマトに寝返ったようなのだ。このため、北部九州は孤立した。

❖「東の前方後方墳」と「西の前方後円墳」という勢力圏

ここで話は、一度前方後方墳と前方後円墳に移る。

三世紀初頭に纏向遺跡が出現し、初期型の前方後円墳が造られるようになった。このあと箸墓《はしはか》（箸中山古墳《はしなかやま》）に代表される定型化した前方後円墳が登場し、各地に伝播していって、埋葬文化を共有し、ヤマトの王から威信財を得ることでつながるゆるやかなネットワークが生まれる。これがヤマト建国で、古墳時代の始まりでもある。

古墳時代と言えば、前方後円墳を頂点にしたヒエラルキーが形成されたと考えられている。このなかで、前方後方墳は、「前方後円墳に次ぐもの」と信じられてきた。ところが、纒向が誕生してしばらく、「東の前方後方墳」と「西の前方後円墳」という勢力圏が出現していたのだ。「西」は、瀬戸内海から北部九州に続く一帯だ。

ここで問題にしたいのは、なぜ東側は前方後方墳だったのか、である。

これまで、前方後方墳に対する評価は低かった。軽視され、東西日本が前方後円墳と前方後方墳の文化圏に分かれて、拮抗《きっこう》した時期が（短時間だが）あったことに関しても、ほとんど関心は寄せられてこなかった。

そのような中で、植田文雄は前方後方墳に注目して詳細に研究を行った数少ない考古学者のひとりだ。

植田文雄は纒向の時代と前後の土器編年を整理し、前方後方墳の年代観を見つめ直した。また、出現期の前方後方墳を五つの時期に分けた。その結果、かつては前方後方墳は伊勢湾沿岸部で発生したと考えられていたが、近江で日本海（タニハ）の大型方形墓の影響を受けて、前方後方墳が生まれたのではないかと考えた。また、最初の前方後方墳は、神郷亀塚《じんごうかめづか》古墳（滋賀県東近江市）で、同時期の前方後円墳は、纒向遺跡の纒向石塚《いしづか》古墳だけだというのである。

神郷亀塚古墳の全長は約三七・九メートルで、強い王のイメージだ。年代決定のできる地点から出土した土器は、弥生後期末の物で、「庄内式古段階」にあたるという（『「前方後方墳」出現社会の研究』学生社）。

それだけではない。関東最古の前方後方墳・高部《たかべ》古墳から葬送用の祭具・手焙形土器《てあぶりがたどき》が出土しているが、これは近江系で、関東の手焙形土器は、近江の影響を受けたという。そして、最初期の前方後方墳の造営は、近江と濃尾に限定されていたが、次第に東に広まっていったというのだ。

前方後方墳が東海地方から内陸部に伝わっていく様子もわかっている。

長野県松本市の高台に、纏向の定型化した前方後円墳が出現する以前に造られた弘法山《こうぼうやま》古墳（全長約六六メートルの前方後方墳）が登場していて、東海系の土器を伴っている。現在整備が進み、松本市内から見やることもできる。これは、三河《みかわ》の豊川流域に密集する前方後方墳群とつながっていたようで、その途中、伊那谷《いなだに》に狐塚《きつねづか》古墳が、そして千曲川《ちくまがわ》水系《けい》に弘法山古墳があり、善光寺平《ぜんこうじだいら》には姫塚《ひめづか》古墳が存在し、さらに北信《ほくしん》の飯山《いいやま》地方には、蟹沢《かにさわ》古墳が伝わっている。甘粕健は「初期の前方後方墳の連鎖」を指摘している（『東日本の古墳の出現』甘粕健・春日真実編　山川出版社）。

また、四世紀半ばに、前方後方墳の造営はぴたりと止んでしまい、前方後円墳が全国（東北北部を除く）に展開していく。

近畿地方にも、前方後方墳は造られていた。兵庫県・大阪府・京都府・奈良県に、それぞれ二〇基前後見つかっている。しかも、地域ごとに密集していて、①兵庫県揖保川流域の揖保郡周辺、②京都府の城陽《じょうよう》市周辺（京都盆地南部）、③奈良県の「おおやまと（奈良盆地東南部）」、④新山《しんやま》古墳（奈良県北葛城《きたかつらぎ》郡《ぐん》広陵《こうりょう》町《ちょう》。馬見《うまみ》古墳群の南群）周辺にかたまっているという特徴がある。「近畿地方の前方後方墳のコロニー」は、いったい何を意味しているのだろう。

奈良県内には一六基の前方後方墳が見つかっていて、③④の他に、宇陀郡にも存在する。ちなみに、一〇〇メートルを超える前方後方墳は、奈良県以外には存在しない。

これらの古墳の中でも、三世紀後葉から四世紀前葉の大和《おおやまと》古墳群に、前方後方墳にまつわる数々の要素が顕在化していた。ここに、東海系文化が定着していたと、赤塚次郎は指摘している（『古代「おおやまと」を探る』伊達宗泰編　学生社）。

赤塚次郎は、さらに、近畿地方の前期古墳で「壺《つぼ》を囲繞《いにょう》する」例が見られることに注目している。墳丘上に壺を並べて囲むのだ。

三世紀から四世紀前半期には、東日本の社会では、壺を墳丘上に囲繞する墳墓が一般的だった。三世紀前葉にこの様式を多用していたのは伊勢湾沿岸部で、さらに、古墳時代前期には、滋賀県や東海地方、関東や東北南部の前方後方墳や前方後円墳で、壺を墳丘に囲繞する文化が広まった。吉備で生まれた特殊器台《とくしゆきだい》・壺の影響を受けた円筒形埴輪《えんとうけいはにわ》ではなく、東海や北近畿系の壺（器台・加飾壺）が、まず用いられていた。

また、前方後方墳がほぼ造られなくなったあと、例外的に出雲国造家《いずもこくそうけ》が前方後方墳を造り続けていく（これも謎めくが）。

一方ヤマトでも、奇妙なことが起きている。四世紀後半、日本最大の前方後方墳が造営されたのだ。それが全長約一九〇メートルの西山《にしやま》古墳（奈良県天理市）で、しかも前方後方墳の上に前方後円墳が載るという、特殊な構造となっていた（西山型前方後方墳）。前方後方墳と前方後円墳の折衷型なのだ。東殿塚《ひがしとのづか》古墳（天理市）や柴金山《しきんざん》古墳（大阪府茨木市）も、この様式なのではないかと疑われている。

なぜ、前方後方墳にこだわったかというと、一時的とはいえ、近江や東海地方が編み出し、東日本を席巻した埋葬文化が存在したことに注目してほしいからだ。しかも、全国最大の前方後方墳が大和の真ん中に築造されている点が、大きな意味を持ってくる。つまり、東海の有力者（王）がヤマト建国の物語に、深く関わっていたはずなのだ。

これまでほとんど注目されてこなかったが、考古学的には、「東海の時代」が確かにあったことを、明らかにしておきたかった。少なくとも、ヤマト建国に果たした東海勢力の役割を、無視することはできない。そして尾張氏こそ、東海地方の「王」の末裔《まつえい》なのではないかと疑っているのである。

❖ヤマト建国の考古学と『日本書紀』の記事を重ねてみると

考古学がヤマト建国のあらましと尾張氏の関係を明らかにしてくれたので、次に、ヤマト建国の考古学と『日本書紀』の記事を、重ねてみたいのだ。

すでに述べたように、養老《ようろう》四年（七二〇）に編纂された『日本書紀』の編者は、ヤマト建国の歴史をほとんど知らなかったのではないかと一般には考えられてきた。

神話だけではなく、初代神武《じんむ》天皇の東征もおとぎ話のようであてにならず、第十代崇神天皇が登場するまでのいわゆる欠史八代の記述も、信頼できなかった。だから、「ハックニシラス天皇《すめらみこと》（はじめて国を治めた天皇）」と賞賛された第十代崇神天皇が、三世紀後半から四世紀に実在した初代王と目されていたのだ。そして、八世紀の段階で、詳細な記録は残っていなかったと信じられてきた。

ところが、ヤマト建国の考古学がハッキリとわかってくると、『日本書紀』の記事の中に、考古学の掘り当てた物証と重なる部分が見えてきたのだ。『日本書紀』は、ヤマト建国の歴史を知っていて、だからこそこれを抹殺してうやむやにしてしまったのではないかと思えてくるようになった。

天皇系譜と欠史八代

※数字は『皇統譜』の即位順

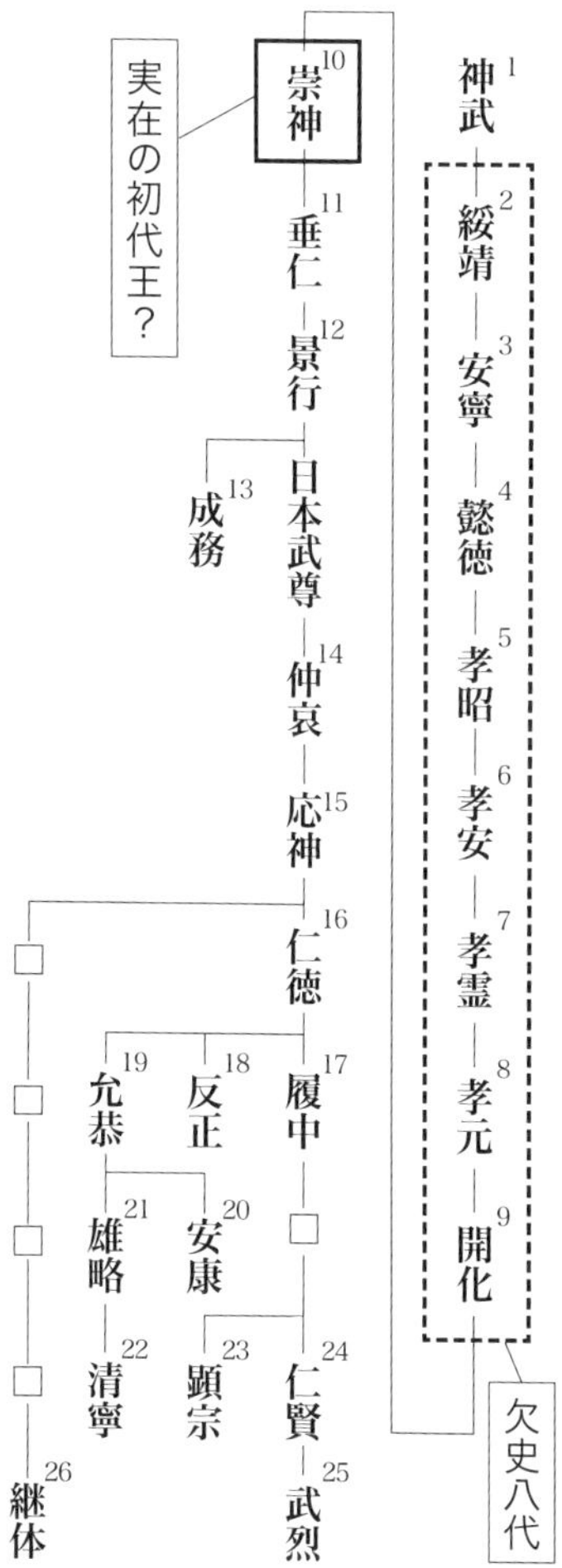

その根拠を、示しておこう。

『日本書紀』が示す初代王は神武天皇で、日向《ひむか》（宮崎県と鹿児島県の一部）から瀬戸内海を東に向かい、ヤマト入りを目指した。ところが、ヤマトのナガスネビコが兵を挙げ生駒山に陣を布《し》き、神武の一行をはね返してしまった。やむなく紀伊《きい》半島を迂回した神武は、ようやくの思いでヤマトにたどり着く。その時ナガスネビコは、次のように説明した。

「その昔、天神《あまつかみ》の子のニギハヤヒが天磐船《あまのいわふね》に乗って舞い下りてきました。私の妹・三炊屋媛《みかしきやひめ》を娶《めと》って子を生みました。名付けて可美真手命《うましまでのみこと》（宇摩志摩遅命《うましまぢのみこと》。以下、ウマシマヂ）と申します。私は、ニギハヤヒを君と崇《あが》め、仕《つか》えてまいりました。天神の子が二人おられるとは思えません。なぜ、私をだまして、人の国を奪おうとされるのですか」

するとと神武は、天神の子は大勢いること、神武が天神の子であることを証明する品を見せ、ニギハヤヒと同じであることを確認し合った。ただナガスネビコはそれでも改心しなかったため、ニギハヤヒはナガスネビコを殺してしまった。こうして神武は、ヤマトの王に立った。また、この説話の中で、ニギハヤヒが物部《もののべ》氏の祖であることが記されている。

ただし、神武天皇は実在しないと考えられている。南部九州からヤマトに向かったという設定も、「おとぎ話」と、切り捨てられているのだ。

しかしのちに触れるように、神武は日向からヤマトに向かっていたと思えてならない。まずここで注目しておきたいのは、建国の直前、ヤマトにナガスネビコがいて、そのあとニギハヤヒが舞い下り、さらに神武天皇が乗り込んできたことだ。いくつかの勢力がヤマトに結集し、前方後円墳が誕生し、ゆるやかな連合体が生まれたという考古学の主張と、よく合致しているではないか。

偶然の一致にすぎない？　はたしてそうだろうか。神武東征は、神話じみているが、何かしらの史実が盛り込まれていたのではあるまいか。

❖『日本書紀』神話は史実を隠すための方便

神話も、史実を覆い隠すための方便だったと思われる。

『日本書紀』と『古事記』は、神話の舞台を天上界（高天原《たかまのはら》）と出雲と日向に限定している。これは不自然だ。弥生時代後期に繁栄していた北部九州や吉備が、なぜ話題に上らなかったのか。

そこで注目してみたいのがスサノヲなのだ。スサノヲには、モデルとなった実在の人物がいたと思う。

スサノヲは出雲出身の神と信じられている。出雲の土台を築いているのだから当然のことだ。しかし、スサノヲは出雲で生まれた神ではない。出雲の外から簸川《ひのかわ》（斐伊川《ひいがわ》）上流にやってきて、「清清《すがすが》しい」から須賀宮《すがのみや》（島根県雲南市）を建てて、そこから、出雲建国に邁進している。また、大己貴神《おおなむちのかみ》（大国主神）を娘婿に迎えている（あるいは実の子。あるいは末裔）。ならば、スサノヲの出身地はどこだろう。

島根県東部には、スサノヲを祀る須我《すが》神社が複数あって、しかも出雲の中心部を取り囲むように鎮座する。「出雲の外からやってきたスサノヲが、出雲の中心部を包囲する」という神社の配置は、スサノヲの立場をハッキリと示していると思う。スサノヲは出雲を囲み、威圧し、出雲の王と姻戚関係を結ぶことで同化したのだろう。

すでに触れたように、弥生時代後期の出雲では富を蓄えた強い王が生まれ、四隅突出型墳丘墓を造営し、東に圧力をかけていた。これにタニハは抵抗し、逆に出雲に向かって勢力圏を拡げようとしていたことがわかっている。

このあと出雲は、東海勢力が「おおやまと」や纏向遺跡に地盤固めを始めると、あわててヤマトに靡《なび》いている。これは、タニハが仕掛けた遠大な計画であり、タニハの中心に立っていたのがスサノヲだった。つまり、スサノヲは実在した〝タニハ連合〟の「王」ではなかったか。

この事実を、『日本書紀』は抹殺した気配がある。と言うのも、スサノヲの末裔が蘇我《そが》氏だったからである。

スサノヲを祀る須我神社にはスサノヲの子の名が「清之湯山主三名狭漏彦八嶋篠《すがのゆやまぬしみなさるひこやしましの》」とあり、「スガ」を名乗っているが、但馬国一宮《いちのみや》の粟鹿《あわが》神社（兵庫県朝来《あさご》市）は、「清之湯山主三名狭漏彦八嶋篠」の「清」を「蘇我能由夜麻奴斯弥那佐牟留比古夜斯麻斯奴《そがのゆやまぬしみなさむるひこやしましぬ》」と、「蘇我」に改めている。これは、意図的だろう。

出雲大社本殿真裏の摂社《せっしゃ》はスサノヲを祀っているが、「素鵞社《そがのやしろ》」という。「素鵞」と書いて、「スガ」ではなく「ソガ」と読む。スサノヲの宮の「スガ（須賀）」が音韻変化して「ソガ」になったのだろう。

奈良県橿原《かしはら》市の蘇我氏が祀る宗我坐宗我都比古《そがにいますそがつひこ》神社は、近鉄大阪線の真菅《ますが》駅の近くにあり、地名は「スガ」だ。ヤマトのスガの地で、ソガを祀っている。

七世紀の蘇我氏を『日本書紀』は鬼扱いしているが、神話の世界でスサノヲも「賤《いや》しい鬼」と蔑《さげす》まれている。天上界の神々は、スサノヲを「穢《けが》れている」と罵《ののし》っている。

藤原氏や藤原不比等にとって、蘇我氏は憎い政敵であり、彼らの祖が正統な一族であってはならなかったし、できれば素姓を隠してしまいたかっただろう。だから、暴れ者で手のつけられないスサノヲを神話に登場させ、その上で、蘇我氏との関係を断ち切ったのだろう。そのためにヤマト建国直前の歴史を神話に仕立て、しかも、出雲という狭い地域に限定してしまったに違いない。

『日本書紀』はタニハや近江や東海の姿を神話から排除し、「出雲」にヤマト建国直前の歴史を詰め込んだのだろう。

❖初代神武天皇と第十五代応神天皇は同一人物？

『日本書紀』は多くのカラクリを用意して、ヤマト建国のいきさつを闇に葬ってしまった。しかし一方で、いくつもヒントを残している。ここが、大きな意味を持ってくるので、詳しく説明しておこう。

すでに述べたように、三世紀にヤマトに集まった人びとは、北部九州に流れこんでいた。ところが『日本書紀』は、「ヤマト建国時に神武天皇が九州からやってきた」と言っているのだから、矛盾している。

かつては、「王家は九州からやってきた」と信じられていた。ただ、「本当の出身地は北部九州」であり、「天皇家の歴史を、なるべく古く、なるべく遠くに印象付けるために、あえて南部九州（日向）が神話の舞台に選ばれた」と考えられていた。つまり、南部九州へ皇祖神が降《くだ》ったという話は、演出だったというわけだ。

しかし、ここにも、真実の歴史が隠されていたようだ。筆者は、神武天皇は本当に南部九州からヤマトにやってきたのではないかと疑っている。

まずここで、私見を述べておかなければならない。『日本書紀』は、纏向誕生とその後のヤマト建国、さらには、ヤマト建国後に勃発した主導権争いを初代神武から第十代崇神天皇を経て、第十五代応神《おうじん》天皇に至るまでの、長い時に延ばし、何人もの事跡に分割して語られていたと推理している。つまり、神武天皇と応神天皇は同一人物だったと考えているのだ。

通説は、初代神武と第十代崇神天皇が同一人物と考える。どちらも「ハックニシラス天皇」と賞賛されていたこと、『日本書紀』の中で神武天皇は最初と最後の行動と功績は語られているが、真ん中の歴史が抜け落ちている。これに対して崇神天皇は、「真ん中は詳しく書かれているが、前後が省略されている」ために、二つの物語を重ねれば、ひとつの話になると考えられた。しかも、第二代から第九代までの天皇の説話がほぼ欠如しているため、彼らは実在しなかったと考えられた。これが、いわゆる欠史八代の天皇たちだ。

問題は第十五代応神天皇で、通説は「物語があまりにも神話じみている」と疑い、「実在したとしても、四世紀後半の人物」と考える。

しかし、応神天皇は九州で生まれてヤマトに向かい、政敵に悩まされ、紀伊半島に迂回し、ようやくの思いでヤマト入りを果たしていて、この様子は、神武天皇とそっくりなのだ。

もちろん、「初代と十五代が同一人物などという発想が、まかり通るはずもない」と、眉《まゆ》に唾《つば》されるのがオチだ。しかし、第三章で明らかにするように、第十二代景行《けいこう》天皇から第十五代応神天皇の父・第十四代仲哀《ちゅうあい》天皇に至る王の多くが、九州親征を行っている事実を無視することはできない。しかも彼らは、「タラシヒコの和風諡号《しごう》」で、ひとくくりにされている。これは、意図的ではあるまいか。

ヤマトの王家の歴史で、九州に親征したのは七世紀後半の斉明《さいめい》天皇の他はなく、唯一「タラシヒコ」の王たちだけが例外的なのだ。考古学と照らし合わせると、ヤマト建国前後に起きていたことが、「タラシヒコの王」たちによってなされたのではないかと思えてくる。

さらにここが大切なことなのだが、第十四代仲哀天皇（タラシナカツヒコ）の正妃だった神功皇后《じんぐうこうごう》の時代に、『日本書紀』は「魏志倭人伝《ぎしわじんでん》」の邪馬台国にまつわる記事を引用している。さらに、神功皇后の行動は、ヤマト建国前後のヤマト勢力の考古学と、高い精度で重なってくる。これが、偶然とは思えないほど正確に、ヤマト建国の考古学をなぞっていたのである。

天皇系譜の中の“タラシヒコ”

※数字は『皇統譜』の即位順

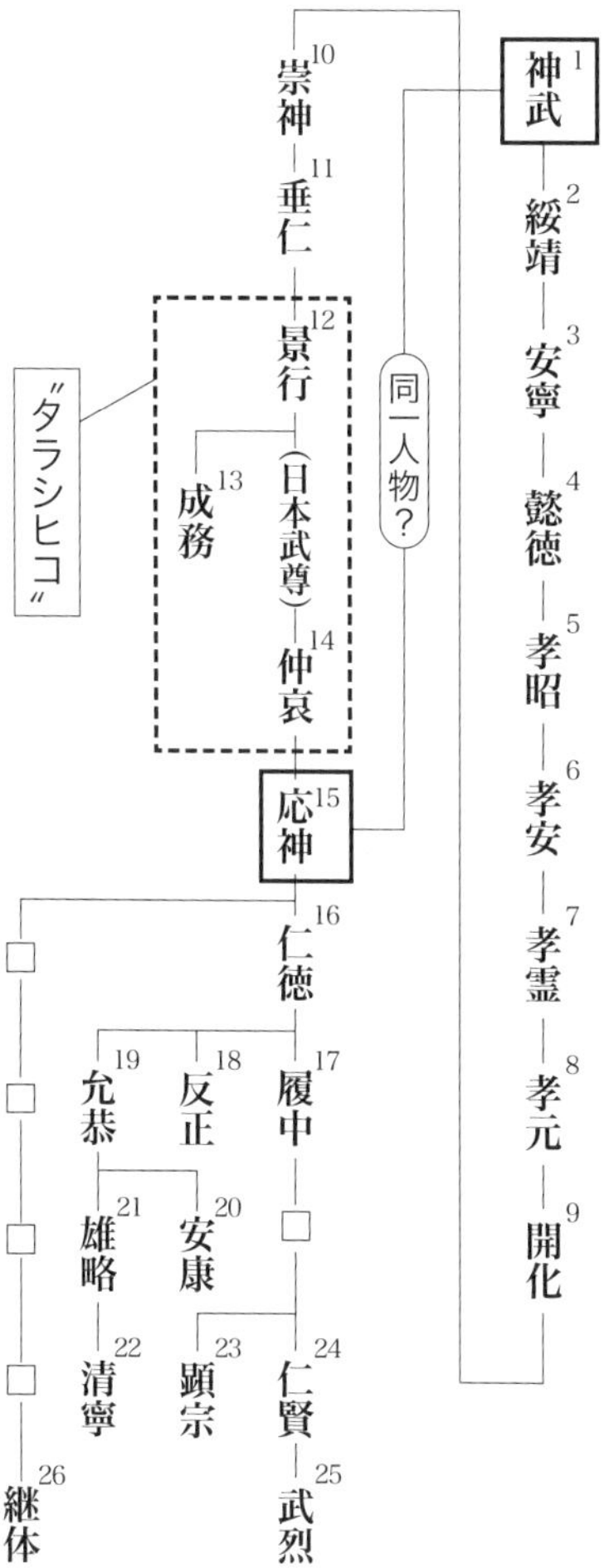

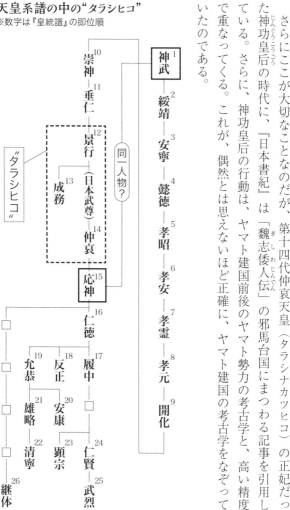

ている。

❖仲哀天皇と神功皇后を取り巻く人脈

神功皇后（息長帯姫《おきながたらしひめ》）と応神天皇（誉田天皇《ほむたのすめらみこと》）の母子は、怪《あや》しい。多くの秘密を抱えている。

ついでまでに言っておくと、神功皇后の夫の仲哀天皇（『日本書紀』では足仲彦《たらしなかつひこ》天皇）も、不思議な人物で、結論を先に言っておくと、尾張氏の正体は、この人物の素姓を解くことで明らかになる。

神功皇后の父は気長宿禰王《おきながのすくねのおおきみ》で、その先祖は第九代開化《かいか》天皇だ。欠史八代の最後の天皇で、実在が危ぶまれる。神功皇后の母は葛城高額媛《かずらぎたかぬかひめ》で、多遅摩比多訶《たじまひたか》と菅竈由良度美《すがかまゆらどみ》の間に生まれた。また、母方の祖をたどっていくと、但馬（タニハ）のアメノヒボコ（天日槍）にたどり着く。「息長」や「気長」の名や人脈に囲まれているから、近江と深く関わっていた人であろう。すでに触れたように、前方後方墳はタニハの影響を受けて近江で生まれているから、この出自と人脈には、留意しておきたい。神功皇后は「前方後方墳体制側の女傑」かもしれない。

とは言っても、神功皇后の実在性も危ぶまれている。説話のことごとくが神話じみていて、信頼できないとされてきた。『日本書紀』は神功皇后の時代に「魏志倭人伝」の邪馬台国記事を放り込んできている。通説では、干支二巡（六十×二＝百二十年）分ごまかしていると指摘している。「魏志倭人伝」の記述を、神功皇后に当てはめることで、歴史を取り繕ったというのだ。しかし、本当にそうか。

たとえば仲哀天皇と神功皇后の間の子・応神天皇は、北部九州で生まれ、神功皇后や武内宿禰《たけのうちのすくね》（建内宿禰。蘇我氏の祖）に守られ、ヤマトに向かっている。この時の行動が神武天皇の東征にそっくりだったことは、すでに触れている。

前田晴人の次のような推理も興味深い。

前田晴人は、『古事記』中巻に登場する初代から応神天皇に至る諸天皇は、七、八世紀の朝廷でもっとも重視されていた畿内の有力神をもとに創作されたと言う。神武は神倭《かむやまと》伊波礼毘古命《いわれびこのみこと》、欠史八代は宮中八神《きゅうちゅうはっしん》、崇神は大物主大神《おおものぬしのおおかみ》、垂仁は石上布都大神《いそのかみのふつのおおかみ》だという。

ならば、景行天皇、成務《せいむ》天皇、仲哀天皇と続く三代の「タラシヒコ」の王家はどの神だろう。『古事記』には大帯日子《おおたらしひこ》、若帯日子《わかたらしひこ》、帯中日子《たらしなかつひこ》とあり、「大」「若」「中」の「長幼概念に従い分化」されたと言い、タラシヒコの三天皇は住吉大神《すみよしのおおかみ》の「底筒男命《そこつつのおのみこと》・中《なか》筒男命・表《うわ》筒男命」に対応関係にあると推理した。そして、タラシヒメ（大帯姫《おおたらしひめ》、神功皇后）は、タラシの王家＝住吉大神とペアだったと言うのである（『神功皇后伝説の誕生』大和書房）。

たしかに、大阪の住吉大社は住吉三神を祀る三つの社の隣に神功皇后を祀る社の四つの社殿で構成されている。

前田晴人は、天孫降臨《てんそんこうりん》をはたしたニニギと、日向から東征した神武、さらには、『古事記』中巻から下巻の俗世の初代王仁徳《にんとく》に話をつないだ応神の、三者の共通点は、「イハレ」の地と密接な関係にあったと言う。ニニギは「イハレ」に降臨し、神武の名に「イハレ」が入り、応神は神功皇后とともに「イハレ（磐余若《いわれのわか》桜《ざくらの》宮《みや》）」に入っている。応神の出生の異常な様子は、応神が神として『古事記』に登場したからだと言うのだ。

つまり、「神話」は神代から応神天皇の時代まで続き、現実の歴史は、仁徳天皇から始まったということになる。また、「神功皇后伝説とは、応神の異界間の甦《よみがえ》りを通じて皇祖天神の血肉を中巻から下巻へ継承することを語ろうとした物語なのではあるまいか」と言う。

そこで問題となってくるのが、タラシヒコとタラシヒメのペアだ。すでに述べたように、景行から始まる三人の「タラシヒコの王」を、前田晴人は住吉神の分化（三体）に対応していたと推理した。つまり、住吉大神の祭儀神話に登場する「大帯日子」がその正体であり、大帯日子の分身としての男女の神が「大帯日子と大帯日売」なのだと言う。

なるほど、いかにもありそうなことだ。

しかし、タラシヒコの王としての仲哀天皇、タラシヒメの女傑・神功皇后、応神天皇は実在しなかったという仮説をそのまま受け入れることはできない。考古学がヤマト建国の真相をあきらかにした今、「なぜ神功皇后の九州征討は物証とぴったりなのか」を、まず考えなければいけないと思う。

そこで、仲哀天皇と神功皇后、応神天皇の物語を、『日本書紀』から抜粋してみよう。

❖神の怒りに触れ変死した仲哀天皇

仲哀二年三月、仲哀天皇は神功皇后を留め置かれたまま南国《みなみのくに》（南海道）を巡幸されていた。紀伊国の徳勒津宮《とこ ろ つのみや》（和歌山県和歌山市）に滞在中、熊襲《くま そ》が叛《そむ》いたという報に接し、征討のために西に向かい、穴門《あなと》（山口県西部）に到着した。

神功皇后は角鹿《つぬが》（福井県敦賀市）に滞在していて、ここから日本海を出雲経由で豊浦津《とゆらのつ》（下関市豊浦町）に向かって、仲哀天皇と合流した。ふたりは穴門豊浦宮にしばらく留まり、仲哀八年春正月、筑紫《つくし》（北部九州）に出発した。北部九州沿岸部の首長（王）たちが次々と恭順してきて、儺県《なのあがた》の橿日宮《かしひのみや》（香椎宮《かしいぐう》。福岡県福岡市）に到着した。

橿日宮は、旧奴国の領域であり、ヤマト建国の前後、ヤマト勢力や山陰勢力の人びとが、この地に集中的に住み始めたことは、すでに触れてある。しかも仲哀天皇と神功皇后の構えた橿日宮は、福岡市を東側から支配するためには「ここしかない」という立地だ。海に近い高台で、一旦、ことが起きれば、そそくさと海に逃げられるし、東の応援を頼むこともできる。

また、ヤマトの王（仲哀天皇）が北部九州に赴いた時、神功皇后が別ルートの山陰地方を経由したという「設定」も無視できない。奴国になだれ込んでいた土器の中に、山陰系が多数含まれていたことは、すでに触れてあるとおりだ。

つまり、このような些細なところにも、ヤマト建国と仲哀天皇たちの行動が重なってくるわけだ。

さて、秋九月、熊襲を討つための軍議を開き、神にお伺いを立てた。すると、熊襲にかまっていないで、海の向こうに宝の国があると教えられた。しかし仲哀天皇は、岡に登って遠くを見やったが、国らしいものは見つからなかった。そこで熊襲征討を強行したが、うまくいかなかった。

仲哀九年春二月、仲哀天皇は病《やまい》に倒れ、翌日亡くなった。神のいいつけを守らなかったからだと、『日本書紀』の分注は言う。仲哀天皇の崩御（天皇の死）は秘匿《ひとく》され、遺骸を豊浦宮に移した。

そこで神功皇后と武内宿禰は、三月になって、神にふたたびお伺いを立てて、どの神が神託を下したのかを問いただした。複数の神が名乗りを上げたが、誰が仲哀天皇の死の原因となったのか、はっきりとした記述はない。神功皇后は、神々を祀り、兵を差し向け熊襲を討たせると、熊襲はあっけなく帰順してきた。また、皇命に従わない者たちを討伐するために、宮を南側の松峡宮《まつおのみや》（福岡県朝倉市）に移した。福岡平野から筑後《ちくご》平野へと移動したのだ。そうしておいて、山門県《やまとのあがた》（福岡県みやま市瀬高町）に攻め入り、土蜘蛛《つちぐも》の田油津媛《たぶらつひめ》（土地の女王）を誅殺《ちゆうさつ》した。田油津媛の兄・夏羽《なつは》は、軍勢を整え助太刀《すけだち》に来たが、すでに妹が殺されたと知り、逃げ去った。

❖神功皇后と応神天皇の東征

神功皇后は矛を収め、転進して朝鮮半島南部に向かった（秋九月～冬十月）。新羅を圧倒すると、周辺の国々も恭順してきた。北部九州に凱旋《がいせん》し、十二月、ここで誉田天皇《ほむたのすめらみこと》（応神天皇）を生んだ。

神功皇后摂政《せっしょう》元年二月、神功皇后は応神とともに、ヤマトを目指す。ちなみに、仲哀天皇が亡くなったあと、応神天皇が乳呑み児《ちのご》だったため、神功皇后が摂政となり、そのまま六十九年間、応神は即位していない。この設定も異常ではないか。作り話にしても、もっと信憑性のある話にする必要があったはずだ。だから、何かしらの『日本書紀』編者の意図を感じずにはいられないのだ。それはともかく……。

神功皇后一行は穴門豊浦宮から仲哀天皇の遺骸とともに東に向かったが、仲哀天皇の二人の子が立ち塞《ふさ》がった。それが、麛坂王《かごさかのみこ》と忍熊王《おしくまのみこ》（応神とは母親が違う）で、彼らは、

「必ず幼子《おさなご》を擁立《ようりつ》しようと企《たくら》んでいるにちがいない。なぜ、われわれが年下の者に従わねばならないのだ」

と、播磨の赤石《あかし》（明石）に山陵《さんりょう》を造るという大義名分を掲げて陣を布いた。すでに述べたように、明石海峡こそ戦略上の要衝であり、争奪戦が勃発したのは、当然のことだった。

ただここで、アクシデントが起きた。麛坂王が赤い猪に食い殺されたのだ。不吉だとして、待ち伏せをやめ、住吉《すみのえ》（大阪市住吉区。神戸市東灘区の住吉とする説もある）に陣を布

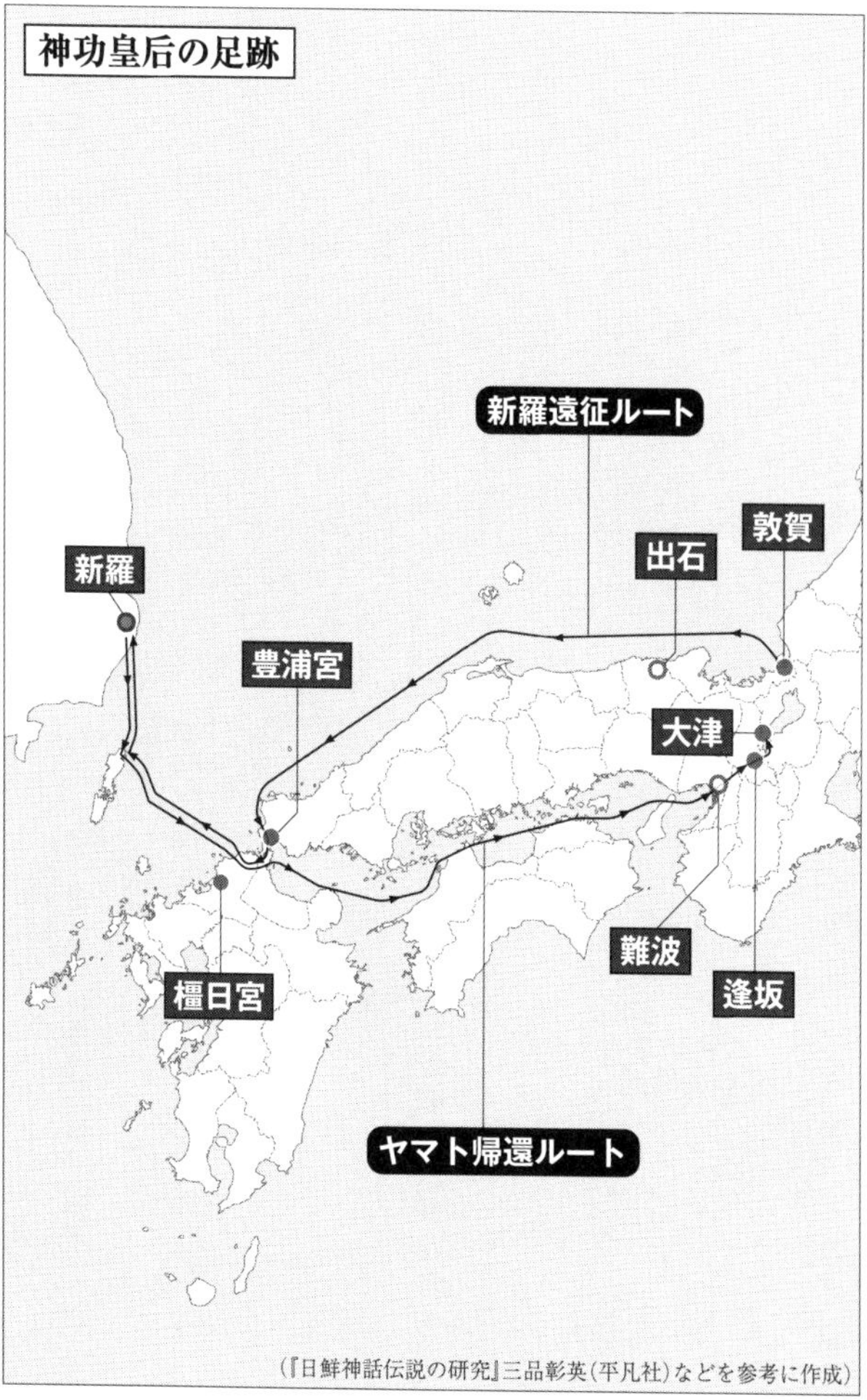
神功皇后の足跡
新羅遠征ルート
敦賀
出石
新羅
豊浦宮
大津
難波
逢坂
橿日宮
ヤマト帰還ルート
(『日鮮神話伝説の研究』三品彰英(平凡社)などを参考に作成)

くと、神功皇后は武内宿禰に命じて、応神を南海《みなみのうみ》（紀伊半島）に向かわせた。紀伊水門《きのみなと》（和歌山県和歌山市。紀ノ川の河口）に留め置いたのだった。神功皇后は難波《なにわ》に向けて船を進め神々を祀ると、忍熊王は宇治《うじ》（京都府宇治市）に逃げた。

神功皇后は一旦、南の紀伊国に向かい、太子（応神）と合流し、群臣《まえつきみたち》と謀《はか》り、忍熊王を攻めるべく、小竹宮《しののみや》（和歌山県紀の川市粉河町志野。紀ノ川を橋本・吉野方面にさかのぼったあたり）に遷《うつ》った。

三月、武内宿禰は和珥臣《わにのおみ》（近江の豪族）の祖の武振熊《たけふるくま》に命じて、忍熊王を討たせた。また武内宿禰は自ら精鋭部隊を率いて、山背《やましろ》から宇治川の北側に陣取った。このあと、武内宿禰は「われわれに敵意はない」と偽《いつわ》って、騙《だま》し、結局忍熊王は敗走する。そして逢坂《おうさか》（滋賀県大津市）で、忍熊王は滅びたのだった。

これが応神の東征であり、神武東征とよく似ていることは、すでに述べたとおりだ。

神功皇后摂政三年春正月、神功皇后は誉田別皇子《ほむたわけのみこ》（応神）を皇太子に立てた。ただし、すでに述べたように、神功皇后は摂政を六十年以上続け、応神はその間、即位していない。これはいったい何だ。

こうして、仲哀天皇と神功皇后の重要な説話は、終わる。

❖ヤマト建国の考古学と合致する神功皇后の動き

東海の雄族・尾張氏の正体を探っているうちに、話は遠回りをしている。東海勢力がヤマト建国の立役者だとすれば、なぜ東海系はそのあと、ヤマト政権内で目立った活躍がないのか。ヤマト建国時に何が起きていたのかを探ることで、その理由は明らかになると思うのである。

そこでもう少し、神功皇后について考えてみたい。

無視できないのは、『日本書紀』編者が神功皇后の時代に「魏志倭人伝」の記事を引用していることだ。つまり、『日本書紀』は神功皇后が邪馬台国の卑弥呼《ひみこ》か台与《とよ》（壱与《いよ》）だった可能性があると言っていることになる。

神功皇后摂政六十六年の分注に、この年は武帝《ぶてい》の泰初《たいしょ》二年（二六六）だったこと、晋《しん》の「起居注《ききょちゅう》」（天子の言動を記録した日記）に「この年、倭の女王が通訳を重ねて貢献せしめた」という、と記録している。これに従えば、神功皇后は卑弥呼亡きあと邪馬台国の女王になった台与だったことになる。

もちろん通説は、これらの記事に見向きもしない。理由ははっきりしている。神功皇后摂政紀の五十五年の条に、百済《くだら》の肖古王《しょうこおう》が薨去《こうきょ》したと記されていて、これは百済の第十三代の「近肖古王《きんしょうこおう》（三四六～三七五）」のことと考えられ、こちらが本当の時代だったという。

すでに述べたように、『日本書紀』編者は、「魏志倭人伝」と合わせるために、あえて神功皇后の時代を、百二十年分（干支二巡）古く見せかけたということになる。

しかし、神功皇后はヤマト建国時の女傑ではあるまいか。

たとえば、神功皇后は橿日宮に拠点を構えた。これは福岡平野を支配するための地政学的に理にかなった場所で、山門県の土蜘蛛の女王を討つために布陣した松峡宮（朝倉市）も、考古学の指摘と合致する。纒向に登場した初期型の前方後円墳は、北部九州の沿岸部から、ちょうど朝倉市周辺まで伝播していたことがわかっている。対照的なのは筑後川の左岸で、ここは前方後円墳が造営されていない空白地帯だった。そのど真ん中に山門県が位置していて、しかも、「山門県」は邪馬台国北部九州説の最有力候補地だった。そこを、ヤマトの女傑が攻め滅ぼしていたわけだ。

ここに、「山門県（邪馬台国）VS.ヤマト」の図式が浮かび上がってくるし、「山門県の女王＝卑弥呼」と仮定してみると、興味深い推理が成り立つ。

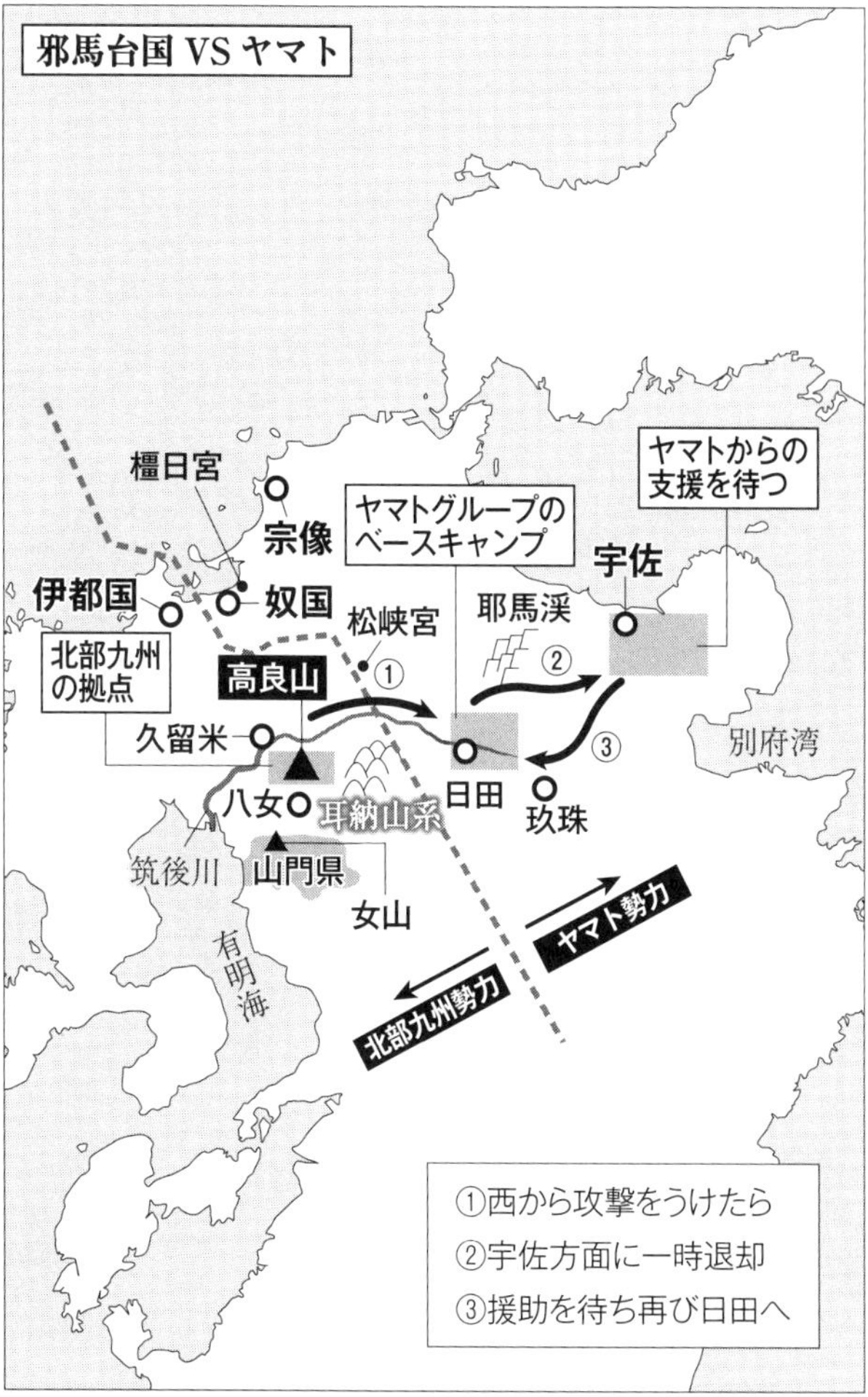
邪馬台国VSヤマト
櫛日宮
宗像
伊都国
奴国
松峡宮
ヤマトグループの
ベースキャンプ
耶馬渓
ヤマトからの
支援を待つ
宇佐
北部九州
の拠点
高良山
①
②
③
久留米
別府湾
八女
耳納山系
日田
玖珠
筑後川
山門県
女山
有明海
ヤマト勢力
北部九州勢力
①西から攻撃をうけたら
②宇佐方面に一時退却
③援助を待ち再び日田へ

まず、神功皇后の特徴のひとつに、「海のトヨ（豊）の女神との接点」が挙げられる。穴門豊浦宮は「穴門のトヨ（豊）の港の宮」であり、ここで神功皇后は海神《わたつみ》から潮の満ち引きを自在に操る珠を手に入れている。海幸山幸《うみさちやまさち》神話でも、山幸彦は潮の満ち引きを操る魔法の珠を、「豊玉姫《とよたまひめ》」からもらい受けている。海の女神の名は「トヨ」で、しかも珠を授ける存在なのだ。伝承の中で、神功皇后は海のトヨ（豊）の女神といくつもの接点を持っている。

神功皇后の豊浦宮は、七世紀の飛鳥《あすか》時代の蘇我系推古《すいこ》天皇の宮の名にもなった。神功皇后と武内宿禰のコンビは、推古女帝とこれを補佐した蘇我馬子《うまこ》（武内宿禰の末裔）とそっくりで、この時代の蘇我系皇族は豊聡耳皇子《とよとみみのみこ》（聖徳太子）や豊御食炊屋姫《とよみけかしきやひめ》（推古天皇）のように、多くが「豊」の一文字を名に冠している。蘇我氏も豊浦大臣《とゆらのおおおみ》（蘇我蝦夷《えみし》か入鹿《いるか》）で、やはり、トヨの人脈を構成している。

なぜ神功皇后とトヨのつながりを特記するかというと、「魏志倭人伝」に卑弥呼の宗女《そうじょ》（一族の女）が台与だとあるが、実際には、山門県の土蜘蛛の女王が、邪馬台国の卑弥呼で、それを潰《つぶ》しにいったのが、ヤマトのトヨ（神功皇后）ではないかと勘ぐっているからだ。

江戸時代の国学者・本居宣長《もとおりのりなが》は、興味深い仮説を掲げている。邪馬台国は畿内のヤマトのことだが、北部九州の卑弥呼が魏に朝貢し「われわれがヤマト（邪馬台国）」と偽りの報告をしたと推理した。いわゆる「邪馬台国偽僭《ぎせん》説」で、江戸時代にすでに邪馬台国論争は終わっていたと思えてくる。

本居宣長は、「天皇が中国の皇帝に頭《こうべ》を垂れるはずがない」という発想から偽僭説を編み出したから、史学者はそっぽを向いてしまったが、意外にも、導き出された結論は「たまたま当たってしまった」としか考えられない。それほど、神功皇后の行動は、ヤマト建国時の北部九州の状態と、ぴったり合っているからなのである。

❖崇神はニギハヤヒでナガスネビコは東海の王

なぜ、神功皇后の活躍を、『日本書紀』は時代をずらしてヤマト建国と引き裂いてしまったのだろう。答えは、『日本書紀』の編纂目的にあると思う。

『日本書紀』は藤原不比等の死の年に、未完成のままあわてて撰上されたと、森博達は指摘している（『日本書紀成立の真実』中央公論新社）。父・中臣鎌足《なかとみのかまたり》の正義を証明し（でっちあげ）、政敵・蘇我氏を大悪人に仕立て上げるために、『日本書紀』はさまざまなカラクリを用意した。その中でも強烈だったのは、蘇我氏の祖を明記しなかったことだ。

一時騒がれたように、蘇我氏が渡来系なら、『日本書紀』は迷うことなくその来歴を披《ひ》瀝《れき》しただろう。しかし、逆に隠匿したということは、蘇我氏の祖が正統な人びとだったことを示している。『古事記』は、ごく自然に、「蘇我氏の祖は建内宿禰（武内宿禰）」と記録している。

『日本書紀』が武内宿禰と蘇我氏の系譜を断ち切った理由ははっきりとしている。武内宿禰は幼い応神天皇を守り、応神のヤマト入りで大活躍をしている。一連の事件が筆者の推理通りヤマト建国前後の物語とすれば、蘇我氏はヤマトの黎明期に活躍していた王家の忠臣ということになる。『日本書紀』が抹殺したかったのは、この蘇我氏の正統性に違いない。

改めて確認しておくが、『日本書紀』は、ヤマト建国の歴史を初代神武、第十代崇神、第十五代応神の三つに分解したと筆者は推理している。初代神武と十代崇神に関しては、通説も、「おそらくそうだ」とうなずき合っている状態だ。ただ通説は、「神武が南部九州からやってきた」という『日本書紀』の設定には、大きなハテナを抱えたままなのだ。

しかし、初代神武と第十五代応神が同一と考えれば、その意味がわかってくる。三世紀、ヤマトや山陰から北部九州に向かった勢力が、ヤマトに戻ってきて、ヤマトに残っていた勢力と対立した、ということになる。わからないのは、なぜ帰還の出発地が北部九州

建内宿禰・蘇我氏と大王家の略系図

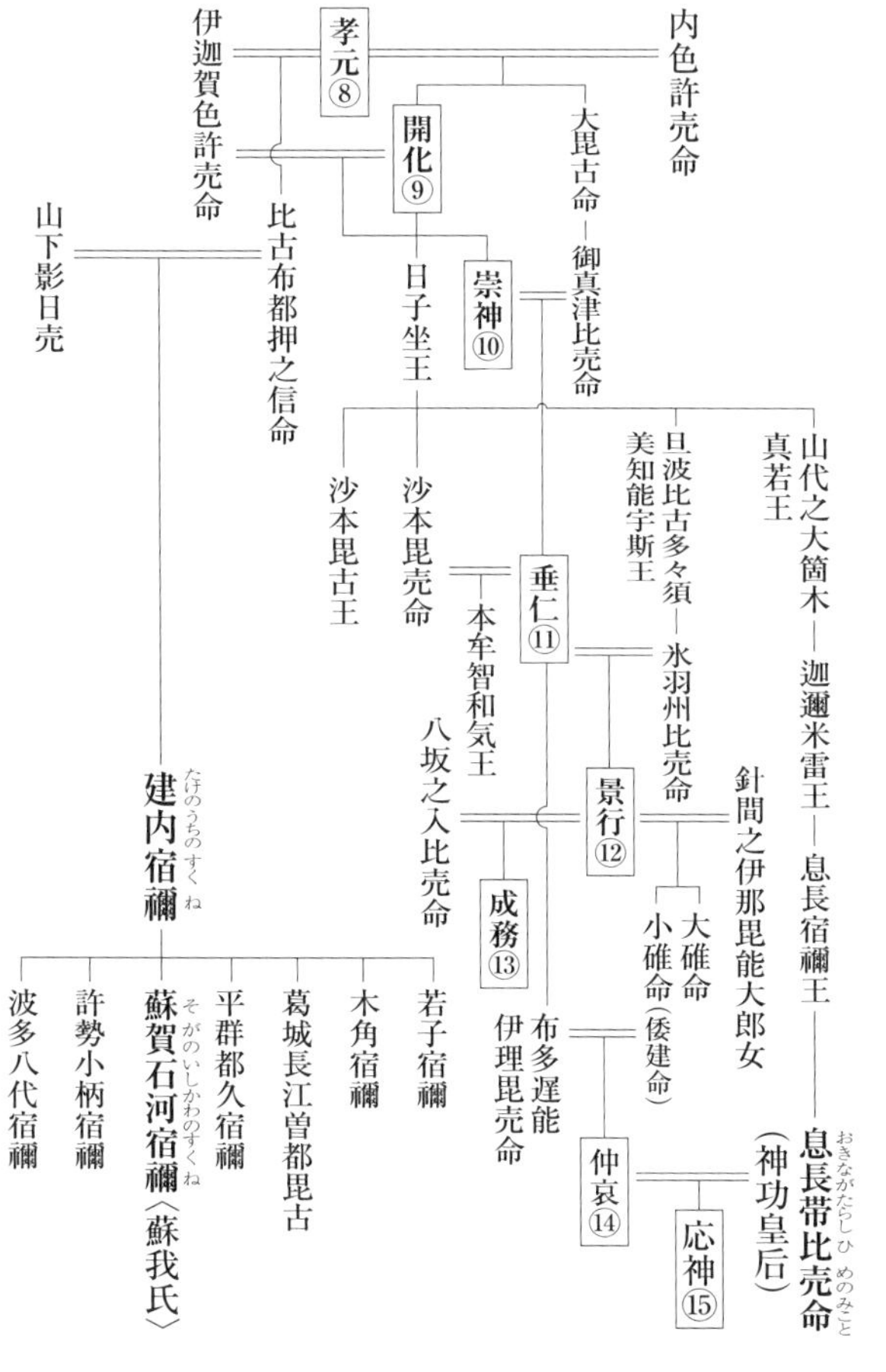

※丸内数字は皇（王）位継承順。長幼の順不同。『古事記』を元に作成

ではなく、南部九州に変わってしまったのか、である。

ここで、第十代崇神が、大きな意味を持ってくる。この人物は第十五代応神と同時代人だが、同一ではない。

どういうことか、説明しよう。話は一度、神武天皇の話に移る。

すでに述べたように、神武天皇がヤマトにやってきた時、すでにニギハヤヒが舞い下りていて、先住のナガスネビコの妹を娶り、君臨していた。ニギハヤヒは物部氏の祖だが、物部氏の拠点は河内《かわち》（大阪府南東部）で、ここは三世紀に瀬戸内海の吉備勢力が移住した場所だ。

『日本書紀』はニギハヤヒがどこからやってきたのか明記しないが、吉備出身と考えると、辻褄《つじつま》が合ってくる。古代最大の豪族に成長する物部氏だが、物部氏がヤマト政権の中心に立っていた時代は古墳時代（前方後円墳体制）で、物部守屋《もののべのもりや》の滅亡とほぼ同時に前方後円墳が消滅する。この事実は無視できない。そして、前方後円墳の原型を築き上げたのが、弥生時代後期の吉備だった。つまり、吉備勢力は河内に集結し、その代表者がニギハヤヒだったと考えられる。ニギハヤヒが「天磐船」に乗ってヤマトにやってきた話から、瀬戸内海の海人《あま》の王としてのニギハヤヒのイメージが浮かび上がってくる。

崇神天皇の父は欠史八代の天皇だが、母と祖母が物部系で、それは要するに、この実在の初代王が物部系で吉備系だったことを示している。崇神天皇はニギハヤヒであろう。藤原不比等にとって物部氏は、蘇我氏と並ぶ巨大な政敵だったから、物部系の王の正体を抹殺する必要があったのだろう。

そうなってくると、ナガスネビコの正体を知りたくなる。一般に、ナガスネビコはヤマトの土着の王と考えられがちだが、弥生時代後期の近畿地方南部は鉄の過疎地帯で、とてもではないが、ヤマト建国を主導するような立場にはなかった。それよりも、急速に発展した東海勢力がヤマトに乗り込んだことが、西日本に大きなインパクトを与えたこと、しかも、東海地方の王が東に向けて前方後方墳を広めていったその影響力を考えれば、ナガスネビコこそ、その〝東海の王〟だった可能性は、高まるばかりだ。

「吉備勢力よりも早くヤマトに住み、君臨していて、吉備のニギハヤヒと婚姻関係を結ぶことで大同団結した大物」

となれば、東海出身の王ではないかと思えてくる。

『日本書紀』は尾張氏の祖を天皇家の系譜に組み入れているが、すでに触れたように、物部系の歴史書『先代旧事本紀《せんだいくじほんぎ》』では、尾張氏を、物部氏と同族と描いていた。ナガスネビコが東海系とすれば、吉備の王・ニギハヤヒは東海の王の妹を娶ることでヤマトの王に立てたことになる。これは、前方後方墳体制（東海勢力）と前方後円墳体制（瀬戸内海勢力）の東西の融合にほかならない。

そして、吉備王のニギハヤヒと東海王の妹の間に生まれたのがウマシマヂで、彼が物部氏の祖になるのだから、物部氏はナガスネビコの親族でもあり、ナガスネビコが東海系の尾張氏の祖だからこそ、物部氏の『先代旧事本紀』は、尾張氏を物部系だと、強調したのだろう。

❖崇神天皇の時代の不思議な事件

ここまでわかったところで、『日本書紀』の崇神天皇の時代の不思議な事件について説明することができる。改めて確認するまでもなく、ヤマト建国時の話だ。

『日本書紀』崇神五年条に次の記事が載る。国内で疫病《えきびょう》が蔓延《まんえん》し、人口は半減してしまった。翌年、百姓《おおみたから》は土地を手放し流浪し、叛く者も現れた。天皇の徳をもってしても収まらなかった。そこで神々にお伺いを立てると、大物主神《おおものぬしのかみ》が現れて、「私の子を探し出してきて私を祀らせればよい」というので、その通り実行すると、騒ぎは収まった……。

この事件、複雑な要因をはらんでいる。

少し時間はさかのぼる（神話）。大物主神は、出雲の国造りを終えた大己貴神（大国主神）の前に忽然《こつぜん》と現れ、「私はお前の幸魂《さきみたま》・奇魂《くしみたま》だ」と言い、「ヤマトの三諸山《みもろやま》（三輪山《みわやま》）に住みたい」とわがままを言い、その通りになった。纏向遺跡は三輪山の扇状地に位置するが、崇神天皇はその三輪山の大物主神の祟《たた》りを恐れたことになる。

『日本書紀』は、大国主神と大物主神は同一の神だと主張して、一般にも通用しているが、これは間違いだ。

出雲の大国主神は、「大いなる国の主」で、出雲国の王だ。これに対し大物主神は、「大いなる物の主」で、ここにある「物」とは「鬼や神」を意味している。

古くは「鬼」は「オニ」と読まず「モノ」と呼んでいた。磐座《いわくら》や樹木に神霊や精霊が宿るから、物質そのものが、霊的な意味を持った。「物の怪《け》」の「モノ」は、「鬼」なのだ。そして、鬼のように恐ろしい存在を丁重に祀ると、幸をもたらすありがたい「神」に裏返る。祟り神の菅原道真《すがわらのみちざね》が時間を経て学問の神に変化したのは良い例だ。

つまり、「大物主神」は、日本を代表する鬼（神）の中の鬼（神）であり、だからこそ恐ろしい祟りを振り撒《ま》いたのだ。「大国主神」は「大いなる国の主」で、神としての格が違う。

ならばなぜ、大物主神の祟りに黎明期のヤマト政権は震《ふる》え上がったのだろう。何か、心当たりがあったのではあるまいか。

ここでひとつ気になることがある。それは、大物主神の坐す三輪山のことだ。山頂付近に高宮《こうのみや》神社が鎮座し、正体不明の日向御子《ひむかのみこ》が祀られている。

通説は、三輪山が太陽信仰とからんでいるため、「日に向かう神」を祀っていると推理するが、ならばなぜ「日向神」ではないのか。「日向御子」とはいったいどういう意味なのか。「御子」は、（あたり前だが）～の子供であり、「童子」や「稚」「若」を意味している。

古代から「童子」は鬼と同等の力を持つものとみなされていた。おとぎ話で子供が鬼退治に向かい、祭りの露払いに稚児《ちご》さんが登場するのはそのためだ。

生まれたばかりの子供は生命力に満ちていると信じられていたのだ。つまり、童子は、鬼そのものでもあった。とすれば、「日向御子」は「日向の童子」となる。これは、「日向の鬼」であり、太陽に向かう「日向」ではなく、地名の日向ではあるまいか。つまり、「日向御子」は、「南部九州の恐ろしい恨む神（鬼）」である。

ここで、ヤマト黎明期の大物主神の祟りの真相が、つかめてくる。大物主神はこれまで出雲神と考えられてきたが、『日本書紀』はヤマト建国前後の歴史を、出雲という狭い地域に閉じ込めてしまったのだから、「出雲の神」といっても、「島根県東部（出雲）の地域の神とは限らない」ことを念頭におかねばならない。

大物主神は、ヤマトの吉備（物部）系崇神天皇を恨む何者かであり、「日向に縁者がいた」のである。

❖天孫降臨神話の真相

吉備の物部氏はヤマトの黎明期の主導権争いに勝ち、中心勢力になったが、その直前、纏向に人びとが集まり始めた時には河内に力を集中しており、纏向に積極的に進出したわけではなかった。そして河内と生駒山を支配することで、ヤマト進出の出遅れを取り戻した。さらに、ヤマト勢力が北部九州になだれ込んでも、静観していた。そして、最後の最後に、ヤマトを制したのだ。

一方、北部九州の奴国と山陰地方は、しばらくして一気に没落してしまう。

この時、何が起きていたのか。

こういうことではあるまいか。ヤマトの纏向に東海だけでなく、吉備や出雲からも人びとが集まり、北部九州は震え上がった。北部九州沿岸部の奴国はヤマトに靡いたが、内陸部の山門県周辺の国々は、朝鮮半島に進出したばかりの魏に朝貢して、「われわれが倭のヤマト（邪馬台国）」と偽りの報告をして、まんまと「親魏倭王」の称号を獲得してしまい、外交戦で優位に立ったのだろう。そこで（本物の）ヤマト勢力は、仲哀天皇と神功皇后らを派遣し、これを一気に殲滅《せんめつ》したが、魏に対し、「卑弥呼を殺した」とは報告できなかったのだろう。そこで、「卑弥呼の宗女のトヨが女王に立った」と、こちらも嘘をつき、取り繕ったにちがいない。

神功皇后＝トヨは、まさに「ミイラ取りがミイラに」なってしまったのだ。ヤマト政権とは別の、魏のお墨付きをもらった女王が九州に誕生したことになる。吉備を中心とするヤマト勢力と北部九州に出現した新女王（神功皇后＝トヨ）は、お互い、疑心暗鬼となり、にらみ合いが続いた。そして、魏が晋に入れ替わった瞬間、ヤマト勢力は、中国の後ろ盾を失った「新女王（トヨ）の邪馬台国」を潰しにいったのだろう。こうして、奴国とトヨの九州勢力は、敗北したと思われる。考古学が指摘する奴国と山陰の衰頽《すいたい》、そして、神話の出雲の国譲りの真相が、ここにあると思う。ヤマトは奴国と日田に、攻め寄せたのだろう。

ちなみに、奴国が後漢からもらい受けた金印《きんいん》が、江戸時代に志賀島《しかのしま》（福岡県福岡市東区）

で偶然見つかっているが、これは奴国が滅亡して、あわてて逃げた時に埋めたのではないかと考えられている。さらに、大分県日田市から後漢の王族しか持つことができなかったようなお宝（金銀錯嵌珠龍文鉄鏡《きんぎんさくがんしゅりゅうもんてっきょう》など）が土中から偶然見つかっているが、九州国立博物館文化財課長（当時）の河野一隆は、これも同じように埋めていったのではないかとする（「西日本新聞」二〇一七年四月二十八日）。

　奴国と言えば、ヤマト勢力が拠点を構えた場所であり、ヤマトの味方だったはずだ。なぜ、滅びたのだろう。

　このあと、奴国からタニハに至る日本海沿岸部が一気に衰頽し、吉備の瀬戸内海勢力がほぼひとり勝ち状態になっていくのだから、瀬戸内海勢力が、裏切ったとしか考えられない。そして、何かしらのアクシデントによって、奴国や北部九州に押し寄せていた日本海勢力の貴種《きしゅ》たちは散り散りに逃げ惑い、その中の中心勢力が、奴国の阿曇《あずみ》氏らに導かれて、南部九州に逃れたのではなかったか。そしてこの歴史を、『日本書紀』は天孫降臨神話に焼き直した……。

　こうして、ヤマトで権力を握った吉備の崇神天皇（ニギハヤヒ）だったが、疫病の蔓延に辟易《へきえき》し、「祟る神」が日本海の大物主神と悟り、その祟りをおさえることのできる人物、

「大物主神の子」「日本海の祟り神の末裔」である日向の零落《れいらく》した貴種をヤマトに呼び寄せ、大物主神を祀らせたのだろう。

そしてその、日向の貴種こそ、神武天皇ではなかったか。

神武天皇はヤマト入りに成功したものの、纏向に入ることはできず、畝傍山《うねびやま》の麓《ふもと》の橿原に宮を建てた。ここで、祭司王としてひっそりと暮らしていたのだろう。周辺には南部九州から神武に付き添ってきた大伴《おおとも》氏や隼人《はやと》が住み、また、応神天皇にぴったりと寄り添っていた武内宿禰の末裔の蘇我氏が、拠点を構えたのだった。

こうして、実権をともなわない弱い王が生まれたのである。

なぜこんな話をしてきたかというと、このヤマト建国後の主導権争いと神武の王家誕生の物語の中に、尾張氏の正体を明かす大きなヒントが隠されているからだ。

いよいよ次章では、尾張氏の先祖の秘密を解き明かすヒントを探してみようと思う。

第三章　ヤマトタケルとナガスネビコの謎

❖『古事記』中巻は「ヤマト黎明期」を語っている?

これまでほとんど見向きもされてこなかった東海勢力とその盟主・尾張氏《おわり》……。しかし、ヤマト建国の考古学がハッキリと見えてきたことで、ヤマトの黎明期、前方後方墳《ぜんぽうこうほうふん》の文化圏を作り上げた「東国」の存在感は増してきたのである。

だから、その中心に立っていたであろう〝東海の王〟尾張氏の正体を明らかにしなければならない。

ヒントは、すでに多く出てきている。『日本書紀《にほんしょき》』に登場するナガスネビコは、東海系で、吉備《きび》のニギハヤヒと東海のナガスネビコが姻戚関係を結んだ事実があって、『先代旧事本紀《せんだいくじほんぎ》』はその歴史を「物部氏《もののべ》と同族の尾張氏」という系譜にして示したのではなかったか。もちろん、『日本書紀』は、多くの歴史を消し去ってしまったのだろう。

そこで、尾張氏の正体を明かすためにも、ナガスネビコが、本当に東海系だったのか、謎めく男の身元を、洗い直しておこう。そのためにも、まずおさえておかなければならないのは、本当に私見どおり、応神《おうじん》天皇は神武《じんむ》天皇と同一人物だったのか、である。この事案を整理していくと、ナガスネビコの正体が、炙《あぶ》り出されてくる。

さて、『古事記《こじき》』は三巻からなるが、上巻は神話、中巻は初代神武天皇から第十五代応神天皇までを、下巻は第十六代仁徳《にんとく》天皇から第三十三代推古《すいこ》天皇までを記録している。

また、『古事記』序文から、この文書が天武《てんむ》天皇にシンパシーを感じる人たちによって記されたことが読み取れる（ここ、大切）。

対する『日本書紀』は、天武の政敵の天智《てんぢ》天皇や中臣鎌足《なかとみのかまたり》の正義を証明するための文書だった。つまり、『日本書紀』と『古事記』は、相反する勢力によって記され、『日本書紀』は正史になり、『古事記』は、長い間表舞台に出ることはなかった。それは当然のことで、『古事記』は敗者の書なのである。

『古事記』は『日本書紀』よりも先に書かれたと信じられているが、本当は、弱い立場の者たちが、『日本書紀』の勝者側の証言を覆《くつがえ》すために、古い文書を利用し、さらに『日本書紀』の記事に似せた上で、ところどころに真相暴露のカラクリを用意している文書なのだ（拙著『『古事記』に隠された「壬申の乱」の真相』PHP文庫）。

『古事記』序文は、「『古事記』は八世紀の和銅《わどう》五年（七一二）に完成した」と言っているのに、なぜ七世紀前半の推古天皇の時代で筆をおいたのかも、大きな謎で、しかも、歴史記述は第二十三代顕宗《けんそう》天皇の時代（五世紀後半）に終えてしまったのも腑《ふ》に落ちない。そのあとは王家の系譜や宮、陵墓の記録を残すのみなのだ。

ドラマティックな武烈《ぶれつ》、継体《けいたい》天皇の話や、歴史の大転換点となる飛鳥《あすか》時代の暗闘、蘇我《そがの》入鹿《いるか》暗殺などが、すっかり抜け落ちている。ここにも、「意図的な暗示」が籠《こ》められているとしか思えない。『古事記』は告発の書なのだ。

そして、ここで何が言いたいかというと、『古事記』が三巻にまとまっていて、中巻が神武から応神になっているところに、大きな意味が隠されているということなのだ。『古事記』の中巻は、ヤマト黎明期を集中的に語っていたのではないか。

❖応神天皇が属する「タラシヒコの王家」は実在したのか

くどいようだが、筆者は初代神武と第十代崇神《すじん》が同時代人で、第十五代応神と神武は同一人物で、両者ともにヤマト黎明期《れいめいき》の人物と考える。ただこの発想は、なかなか支持してもらえない。しかし、『日本書紀』には、「なんとしてでも、ヤマト建国の歴史を闇に葬りたい」という動機があり、あらゆるトリックを使って、歴史改竄《かいざん》を仕掛けていたと思う。

そこで注目したいのは、応神天皇が「三代（景行《けいこう》・成務《せいむ》・仲哀《ちゅうあい》）続いたタラシヒコの王家の子」だったことで、ここに、応神天皇の秘密を解く鍵が秘められていると思う。「タラシヒコの王家の正体」を知ることによって、応神天皇がヤマト黎明期の人物だったことや、ヤマト建国時の人脈の正体がはっきりとわかってくる。尾張氏の正体も、タラシヒコの王家を知ることで、明快になる。

　結論を先に言ってしまうと、タラシヒコの王家は東海系だった。また、崇神と垂仁《すいにん》は瀬戸内海系で、二つの王家は黎明期のヤマト政権内で覇権争いを演じていた可能性が高い。

　そこでもう一度、タラシヒコの話をしておこうと思う。

　まず、実在の初代王で第十代崇神天皇と子の第十一代垂仁天皇は、三輪山山麓《みわやまさんろく》の王だ。崇神天皇は纏向《まきむく》のすぐ隣に宮を建て、垂仁天皇は纏向に暮らしていた。まさに、ヤマト建国時の王にふさわしい。また、彼らの和風諡号《しごう》は「イリヒコ」だ。

　第十二代景行天皇は、垂仁天皇の子で、父と同じように纏向に宮を建てたが、「イリヒコ」ではない。「タラシヒコ」の和風諡号がつけられている（大足彦忍代別天皇《おおたらしひこおしろわけのすめらのみこと》）。景行天皇の子の成務天皇も、成務の甥（異母兄・ヤマトタケルの子）の仲哀天皇も、「タラシヒコ」の王だ。つまり、第十二代から第十四代までが、タラシヒコの王家だ。景行天皇の子・ヤマトタケルは即位していないから「タラシヒコ」の諡号はないが、「タラシヒコの王家の英雄」だった。

天皇系譜の中のイリヒコとタラシヒコ

※数字は『皇統譜』の即位順

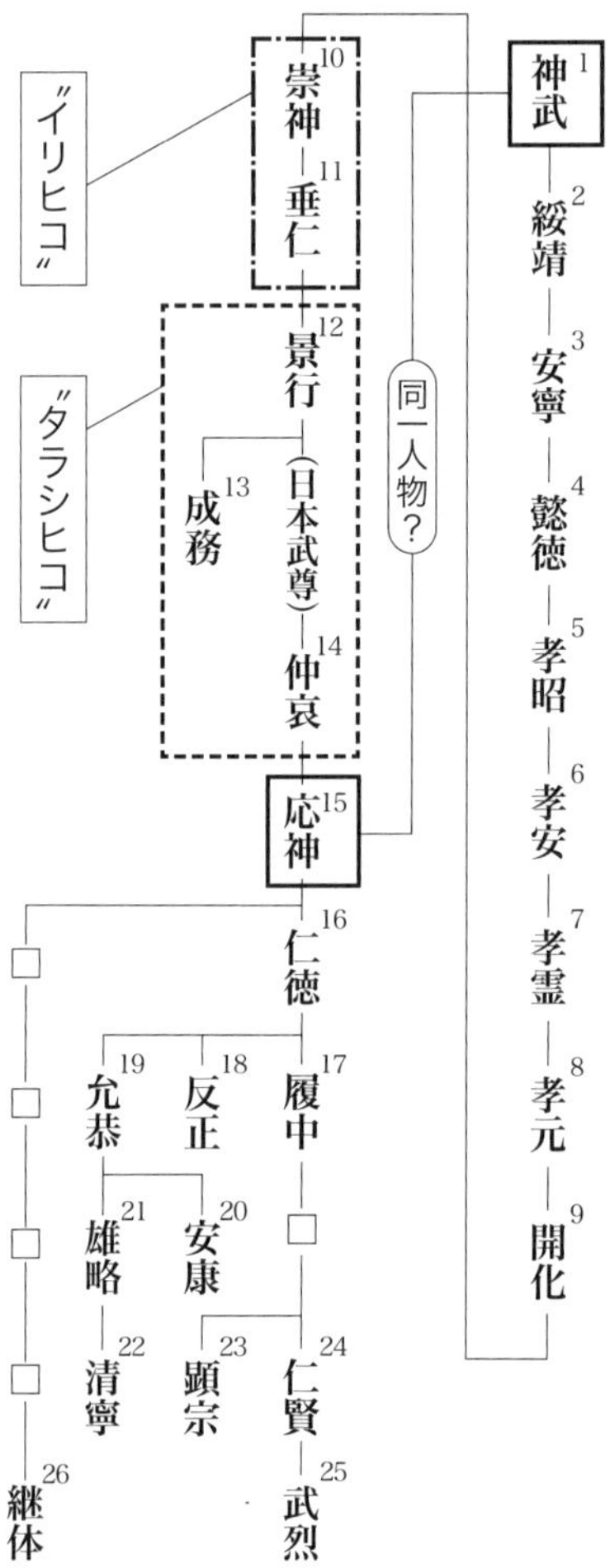

ただ、通説はタラシヒコの王家に冷ややかで、実在しなかったのではないかと考える。景行天皇からヤマトタケルを経て仲哀天皇に至る人脈の行動は、おとぎ話めいていて、史実とはみなしがたいという。

そこで、タラシヒコの王家をめぐるこれまでの学説を、羅列しておこう。

若狭徹は、ヤマトタケルの「西と東のまつろわぬ者の征討を命じられたヤマトタケル」の物語について、「この英雄伝承はむろん史実ではないが、王権による周縁地域への多元的なアプローチを内在させており、なかでも東征伝承からは古代東国の具体的な地理情報を知ることができる」(『古代の東国1　前方後円墳と東国社会　古墳時代』吉川弘文館)と、決め付けてしまっている。

タラシヒコの王家全体が、実在しなかったとする説も根強いものがある。

井上光貞もそのひとりだ。時代が下って七世紀初頭の天皇の和風諡号に「タラシヒコ」が登場すること、「タラシヒコ」の諡号は、この段階で造作されたと指摘した。その上で、成務天皇と仲哀天皇の場合、その和風諡号は「ワカタラシヒコ(稚足彦天皇)」と「タラシナカツヒコ(足仲彦天皇)」で、諡号から「タラシヒコ」を引くと、「ワカ」と「ナカツ」という普通名詞だけが残り、固有名詞になっていない。神功皇后《じんぐうこうごう》の「オキナガタラシヒメ(気長足姫尊)」は舒明天皇の「オキナガタラシヒロヌカ(息長足日広額天皇)」と「タラシ」を共有していることから、彼らの実在性は否定できると言うのである(『日本国家の起源』岩波新書)。

❖タラシヒコの王家はヤマト建国の考古学をなぞっている

また井上光貞は、『隋書《ずいしょ》』倭国伝《わこくでん》に登場する「アメタラシヒコ」に言及している。文帝《ぶんてい》の開皇《かいこう》二十年（六〇〇）、遣隋使《けんずいし》がヤマト政権からさし向けられた時のことだ。「倭王《わおう》の姓は阿毎《あめ》、字名《あざな》は多利思比孤《たりしひこ》なるものが阿輩雞弥《あほけみ》と称して使いを送ってきた」という記事がある。

この「阿毎」と「多利思比孤」、本当はひとつの言葉で「タラシ」はタラスで「足る」の敬語、「ヒコ」は男子の尊称、「アメ」は天で、「天の高貴なる男子」となる。また「阿輩雞弥」は「オオキミ＝大王」で、これらは要するに、天皇の通称と井上光貞は考えた（『飛鳥の朝廷』講談社学術文庫）。

また、この六世紀末から七世紀に登場した尊称としての「タラシヒコ」を、古い時代の景行天皇たちの諡号に当てはめたにすぎないと言う。だからこそ、タラシヒコの王家の実在性は危ぶまれてしまったわけだ（井上光貞『日本国家の起源』岩波新書）。

ただし、反論もある。田中卓は、古い時代のヨソタラシヒメ・ヌタラシワケ・イカタラシヒコ・イカタラシヒメ・タラシヒコオホエ・ワカタラシヒコなどの名を引き合いに出し、「タラシ」の呼称は、四～五世紀以前に流行した名前と推理した。

また、七世紀初頭の天皇に「タラシ」の名が登場するのは、天智天皇に「ワケ」がつけられたように、古風を踏襲したと解釈した。井上光貞とは全く逆の発想だ。

ただ田中卓は、「タラシ」を古い時代の敬称、称え名と考え、実名は別に存在したと指摘している（『神社と祭祀』国書刊行会）。

このように、諸説あって、「タラシヒコ」の謎に、明確な答えは出ていない。そして、仮に「タラシヒコ」の和風諡号に問題があるとしても、景行天皇から仲哀天皇に至る王家そのものを、「なかった」と断定する必要はないと思う。

『日本書紀』は、「タラシヒコ」の三代の王家を歴史のなかに編みこむことによって、ヤマト黎明期の歴史を引き延ばすことに成功しているし、「タラシヒコ」の王家の活躍が、ヤマト建国の考古学をなぞっていることこそ、大問題なのだ。

逆に言えば、考古学の進展によって、『日本書紀』の読み方は、大きく変わってきたということでもある。先入観を捨て、新たな知見をもう一度タラシヒコの王家に当てはめて見つめ直す必要がある。

タラシヒコの王家は個性的で、他に例を見ない特徴をいくつも持っている。それが神話的で伝説にすぎないと笑殺してしまうのは、じつにもったいない。なぜタラシヒコの王家に限って独特なのか、なぜ『日本書紀』は、タラシヒコの王家に、奇妙な設定を付け足したのか、その理由を探ることで、歴史解明の糸口を得ることができる。

❖タラシヒコの王家最大の特徴は九州に遠征していること

タラシヒコの王家の最大の特徴は、「九州に遠征している」ということなのだ。景行天皇と仲哀天皇が九州遠征に赴いている。

景行天皇の子の成務天皇は九州に赴いていないが、ヤマトタケルが代役のように、九州に向かった。

ちなみに、成務天皇も奇妙な存在で、『日本書紀』は彼の業績をほとんど記録していない。武内宿禰《たけのうちのすくね》と生まれた日が同じだったため、武内宿禰を特別に寵愛《ちようあい》したという記事が残される。そしてタラシヒコの王家の中で成務だけが九州に赴いていないが、その代わりに武内宿禰が、応神天皇の時代に九州に向かっていて、謀反《むほん》を疑われ殺されかけたという記事が、『日本書紀』にある（のちに触《ふ》れる）。これも無視できない点だ。

第十四代仲哀天皇の代でタラシヒコの和風諡号は一度途切れるが、彼らだけが、なぜか九州と縁が深かったのだ。これは、天皇家の歴史のなかで例外中の例外であり、さらに、ヤマト黎明期の日本列島の動きを再現しているのは、タラシヒコの王家ではないかと思えてくる。

すでに触れたように、仲哀天皇と神功皇后は、考古学の示すヤマト勢力による九州制圧を、ほぼなぞっていた。また、神功皇后は「タラシヒコの王家」の血を継承していないにもかかわらず、オキナガタラシヒメ（息長帯姫命《おきながたらしひめのみこと》）の名で、「タラシヒコ」と対《つい》になっている。神功皇后は「タラシヒメ」の女傑だ。

さらに、景行天皇の子のヤマトタケルは、西征と東征の両方を行ない、それはまるで、ヤマト建国前後の東海勢力の動きをなぞっているかのようではないか。ヤマトタケルが西国では凶暴だったのに、東国では豹変《ひょうへん》し、むしろだまされ、神に痛めつけられ、被害者となった。東国で人気が高いのは、ヤマトタケルが東海勢力側の人物だったからではないかと思い至る。東西で別の顔を持っていたのは、前方後方墳と前方後円墳《こうえんふん》の葛藤《かっとう》を暗示しているようにも見える。

そしてヤマトタケルが属するタラシヒコの王家は、「東＝前方後方墳」側の人びとではあるまいか。景行天皇の宮ははじめ纒向日代宮《ひしろのみや》に置かれたが、晩年にいたり近江《おうみ》の高穴《たかあな》穂宮《ほのみや》（滋賀県大津市穴太《あのう》）に遷《うつ》している。そしてこのあと、タラシヒコの王家は、近江を拠点にしている。これは無視できない。景行天皇はヤマト政権誕生の地から、前方後方墳の誕生した近江を重視したのだ。三代にわたって「前方後方墳文化圏」に宮を置いた事実を無視することはできない。

さらに、「実在、非実在」の論争以前に、「なぜタラシヒコの王家は九州に攻め入り続けたのか」に関しては、ほとんど議論されていない。これも不満だ。もしタラシヒコの王家が実在しなかったのなら、あえてこのような「設定」を用意しなければならなかったのか、疑ってみる必要がある。

もうひとつ、「タラシ」で気になるのは、第五代孝昭《こうしょう》天皇の皇后の世襲《よそ》足媛《たらしひめ》のことだ。世襲足媛は尾張系だ。すでに触れたように、欠史八代の天皇に、唯一嫁《とつ》いだ尾張系の女性で、孝安《こうあん》天皇を生んでいる。この孝安天皇は葛城《かつらぎ》の室《むろ》に秋津島宮《あきつしまのみや》（奈良県御所《ごせ》市）を建てている。尾張系の天皇と葛城が、ここでつながっている。

問題は、「タラシ」の人物の初出が、この尾張系の女性だったことだ。尾張連《おわりのむらじ》の遠祖・瀛津世襲《おきつよそ》の妹でもある。

欠史八代の説話だからほとんど注目されてこなかったが、多くの名門古代豪族が、欠史八代の天皇から生まれていて、この『日本書紀』や『古事記』の設定を無視することはできない。「欠史八代」は、古代豪族の正体をごまかすための、カラクリだったのではあるまいか。

たとえば、蘇我氏の系譜を『日本書紀』でたどっても途中で切れてしまうが、『古事記』は欠史八代のひとり、第八代孝元《こうげん》天皇につなげている。

だから、尾張氏にまつわる伝承が欠史八代の天皇にからんでくる事実も無視できないのだ。第五代孝昭天皇の皇后が「タラシ」の娘で、彼女が尾張系だったこと、生まれた子が尾張氏と多くの接点をもつ葛城に宮を置いた記録も注意を要する。

「タラシ」とは、尾張系を示す言葉ではあるまいか。「タラシヒコ」の王家は、尾張系であり、前方後方墳体制側だ。崇神天皇と垂仁天皇に続く二代の「イリヒコ」は物部系であり、吉備系、前方後円墳系の王家と考えられる。したがって、第十代から始まる歴史は、連続するのではなく、第十代と第十一代の吉備（瀬戸内海）系の王家と、第十二代から続く「タラシヒコの王家」は同時期に存在したのではあるまいか。つまり、ヤマトを構成する二つの勢力そのものではなかったか。前方後円墳と前方後方墳の拮抗《きっこう》する東西の体制を暗示している。それを明らかにしているのが、『古事記』だと思う。

❖『古事記』は景行天皇の「スネが長かった」と言う

タラシヒコの王家の特徴のひとつに「高身長」がある。ヤマトタケルは一丈（約三メートル）で、仲哀天皇も同じだ。景行天皇に至っては一丈二寸で、これも三メートルを超えてしまう。景行天皇の和風諡号は「オオタラシヒコオシロワケ」で、「オオ」が「タラシヒコ」の上につき、「タラシヒコの王家の始祖」であったことを示し、身長も高かったのだ。

もっとも、このような『日本書紀』や『古事記』の設定があったからこそ、「タラシヒコの王家は架空の存在」とみなされてきたわけだ。

しかし、「巨人だらけのタラシヒコの王家」は、「さかんに九州に遠征を敢行した王家」で、異色の存在だった。この「ヤマト黎明期の抜きん出た者たちの物語」を、抹殺したくとも無視することはできなかったのかもしれない。ならば『日本書紀』や『古事記』は、いったい何を言いたかったのだろう。

『古事記』（垂仁記）に、もうひとつ奇妙なことが書かれている。それは、タラシヒコの王家の出発点となった景行天皇のスネ（脚のスネ）が、「四尺一寸（約一二四センチメートル）」あったと言うのだ。ちなみに、身長の記述が残されているのは、タラシヒコの王家だけで、スネの長さを記された天皇は、景行だけだ。それはなぜか……。

ヤマト建国黎明期、スネの長い男は、もうひとりいた。そう、それはニギハヤヒの義理の兄・ナガスネビコ（長髄彦。「髄」の古訓は「スネ」。つまり「長いスネの男」そのもの）だ。

つまり『古事記』は、「四尺一寸のスネ」の話題を提供することによって、景行天皇がナガスネビコだったことを訴えていたのではなかったか。『日本書紀』は沈黙したが、『古事記』が「余計な一言」を添えていたことがミソなのだ。そして、なぜこの記事が、問題視されなかったのか、むしろそのことの方が、不思議なくらいだ。景行天皇は、ナガスネビコだろう。そして吉備の王である「イリビ（ヒ）コ」の初代は崇神で「ニギハヤヒ」だ。

そう考えると、多くの謎が解けてくる。

ナガスネビコ（景行天皇）は、ニギハヤヒ（崇神天皇）よりも早く、ヤマトで暮らしていた王（首長）だ。そこにニギハヤヒが天上界（ここにいう天上界は吉備）から、天磐船《あまのいわふね》に乗って舞い下りてきた（拠点を構えたのは河内《かわち》。ニギハヤヒが舞い下りたという磐船神社が大阪府交野《かたの》市に鎮座する）。また、『日本書紀』は、崇神と景行の時間的立ち位置を逆にしてしまっている。そして、「イリビコ」の第十代崇神、第十一代垂仁らと同時代人だった「タラシヒコ」の王家の人びとは、盛んに九州に遠征に向かっていた。考古学のヤマト建国の物語とタラシヒコの王家の行動が、はっきりとここでつながったのである。

❖『日本書紀』に描かれたタラシヒコの王家のカラクリ

ここで『日本書紀』に描かれた景行天皇の行動を追ってみよう。

景行四年春二月に、天皇が美濃《みの》に行幸《ぎょうこう》され、美女を娶《めと》ろうとした。崇神天皇と尾張大海媛《おわりおおしあまひめ》との間に生まれた八坂入彦皇子《やさかのいりびこのみこ》の娘の弟媛《おとひめ》だ。しかし弟媛は竹林に逃げてしまったので、景行天皇は泳宮《くくりのみや》（岐阜県可児《かに》郡）にしばらく滞在し、弟媛が現れるのを待った。はたして、弟媛はやってきたが、天皇の入内要請《じゅだい》に対し、姉の八坂入媛《やさかのいりびめ》を推挙してきた。天皇はこれを許した。八坂入媛は、成務天皇らの母だ。

ここで景行天皇は美濃と尾張と関係を持っている。

この月、天皇は美濃国造《くにのみやつこ》の娘が美人だという評判を聞きつけ、大碓命《おおうすのみこと》（小碓命《おうすのみこと》〈のちのヤマトタケル〉の兄）を美濃に遣わし、容姿を観察するように命じた。ところが大碓命は、娘たちと密通して復命しなかった。このため、天皇は大碓命を恨んだ（のちに大碓命は小碓命に殺されてしまう）。

冬十一月、天皇はヤマトに戻ってきて纒向に都を造った（日代宮）。そして景行十二年に、熊襲《くまそ》が叛《そむ》いて朝貢してこなかったという理由で、九州征討に向かっている。

問題は、景行天皇が美濃と多くの接点を持ち、さらに晩年には近江に宮を建てていることだ。これが、どうにも怪《あや》しい。この天皇は、ヤマト黎明期にヤマトと前方後方墳文化圏を往き来していたことになる。ただ、景行天皇を東海地方出身のナガスネビコと考えれば、不思議ではなくなる。

さて、景行天皇の九州親征のあと、ふたたび熊襲は叛いたため、ヤマトタケルが遣わされる。景行天皇の九州巡幸よりも、ヤマトタケルのクマソタケル征討の方が有名だったが、景行天皇の記事の方が具体的で、九州を万遍なく巡ったと記されている。熊襲征討の描写も、詳細が語られている。

巡幸を終えて帰途につく前、景行天皇は次の歌を作っていたと『日本書紀』は言う。

「倭《やまと》は　国のまほらま　畳《たたな》づく　青垣　山籠《やまこも》れる　倭し麗し」

『古事記』は、この歌はヤマトタケルが東国征討におもむいて帰還する時のものだと言っている。

要するに、景行天皇とヤマトタケルの行動は、ほぼ重なっているのだ。景行五十三年秋八月には、景行天皇が「子の小碓王《おうすのみこ》（ヤマトタケル）が平定した国々をめぐってみたい」

と言い出し、東国に巡幸している。

景行天皇とヤマトタケルは、全く同じ行動をしていたわけだ。これは、ひとつの事件をふたつに分けたということでしかないだろう。ヤマト黎明期の東海地方の活発な動きの全体を、景行天皇、ヤマトタケル、仲哀天皇に書き分け、「実際よりも長い時間」に、描き直されてしまっていると思う。

『日本書紀』は景行天皇の時代に「武内宿禰が生まれた」と記録し、仲哀天皇や応神天皇の時代にも、武内宿禰の活躍を記録している。武内宿禰は三百歳近い長寿だったと言うが、それは、本来同時代であった「イリヒコ」と「タラシヒコ」を前後につなげてしまった上に、「タラシヒコの王家の活躍の時代が引き延ばされてしまったから」にほかなるまい。

❖ヤマトタケル説話はなぜ生まれたのか

ここで少し、「タラシヒコの王家の英雄・ヤマトタケル」について、考えておきたい。

ヤマトタケルは実在の人物ではないと、一般には考えられてきた。

吉田敦彦は、ヤマトタケルが凶暴で乱暴な人物として描かれることについて、その理由を比較神話学を用いて説明している。

ヤマトタケル説話は、日本固有というわけではない。インド・ヨーロッパ語族の神話には、輝かしい履歴を持つ武神や人間の勇士だったのに、三つの罪によって汚してしまうという話があるらしい（戦士の三つの罪型）。『古事記』に描かれたヤマトタケル説話は、まさにこの印欧神話を正確に踏襲していると言う（『ヤマトタケルと大国主』みすず書房）。

なるほど、世界中の神話にはよく似ている話が多く、それは、神話の起源が頗《すこぶ》る古いことに起因していたことがわかってきている。

『古事記』や『日本書紀』編者たちは、このような古い神話を、ヤマトタケルに当てはめてみたことになり、だからこそ、ヤマトタケルは実在しなかったと考えられてきたわけだ。

戦後史学界に多大な影響を及ぼした津田左右吉は、『古事記』と『日本書紀』のヤマトタケル説話は史実ではないと、断言している。

たとえば『古事記』は、ヤマトタケルが成敗したクマソタケルには兄弟がいて、二人一組でクマソタケルと呼ばれていたこと、これは、神武天皇がヤマト入りする時、二人組の首長たちと対決したというパターンと同じで、古い物語の通例にすぎないとする。ヤマトタケルの背丈が三メートルもあったという設定も、「シナ風の勇士の形容語を無意味につけ加えへたのみのこと」（『津田左右吉全集　第一巻』岩波書店）としている。

何かしらの歴史的事実があったかもしれないが、それをヤマトタケルという英雄の行動として創作し直したと推理した。

石母田正は、ヤマトタケルを「英雄時代の叙事詩」とみなす。激動の時代ののち、困難を克服して楽しい思い出になった段階で、歩みを認識し、後世に残そうという欲求に駆られたという。原始的な社会から国家が生まれる過程を、人間離れした英雄の姿を通じて、語ろうとしたというわけだ。

ヤマトタケル説話は、英雄が「法」や「秩序」そのもので、英雄の活躍によって、社会は発展したという物語であり、叙事詩だと石母田正は指摘している。もちろん、天皇家の歴史を飾るための物語でもあったというのである（『石母田正著作集　第十巻　古代貴族の英雄時代』岩波書店）。

門脇禎二は、ヤマトタケル伝説は、五世紀から六世紀前半に創作されたと推理した。いくつかの地域王国が登場し並列していた時期で、地域王国同士の競り合いが、戦うタケル像になったのではないかと考えた（『ヤマトタケル　尾張・美濃と英雄伝説』森浩一・門脇禎

二編　大巧社)。

ただしそうなると、なぜヤマトタケルの西征と東征では、異なる物語になってしまったのか、その背景が理解できないと思うのである。

吉井巌は『古事記』や『日本書紀』が、天皇治政の由来記なのだから、嘘が書かれている可能性は高いことを、まず前提とした。その上で、天皇のあり方は七世紀後半の天武天皇の時代に画期を迎え、「大王《おおきみ》は神にしませば」と称えられるようになり、この段階で歴史書が編纂されるようになったという。ならばなぜ、ヤマトタケルは英雄のはずなのに「天皇でもなく皇子」で、孤独死を強《し》いられたのかというと、次のように説明する。

すなわち、武力による平定の物語は必要なくなり、天皇支配の原理を敵に納得させ、これに従わないものだけを成敗するという説話が求められたと考えた。だからこそヤマトタケルに向かって景行天皇は、「言向《ことむ》け和平《やわ》せ(天皇の徳を示し恭順させ、それでも従わなければ、討て)」と告げたのだと……(『ヤマトタケル』学生社)。

ヤマトタケルは後世の政治的要因によって作られたという話は興味深いが、それが天武天皇の時代の画期の影響を受けたという点には従いかねる。

❖ヤマトタケルの陵墓の鳴動に恐怖した持統天皇

ヤマトタケル説話は悲劇的で謎が多く、様々な推論が飛び交ったのだ。しかし、何度も言うように、ヤマト建国の考古学が整ってくると、新たなヤマトタケル論が求められる。

特に、ヤマトタケルが深く関わった東海勢力のヤマト建国における活躍が「想像以上」だったこと、ヤマト建国のきっかけを東海勢力が作っていたことがわかってきている。そうなれば、ヤマトタケルの見方も、当然変わってこなければおかしい。ヤマトタケルは、英雄時代の怪物ではない。何かしらの史実から発生した物語に違いないのである。その根拠のひとつに、「ヤマトタケルの祟《たた》りは凄まじかった」ことが挙げられる。創作の物語のヒーローが、祟るはずがない。

『続日本紀《しょくにほんぎ》』大宝《たいほう》二年（七〇二）八月八日条に、次の記事が載る。文武《もんむ》天皇の時代のことだ。持統太上天皇《じとうだいじょうてんのう》存命中のできごとで、『日本書紀』が編纂される以前の話だ。大宝元年（七〇一）正月に「文物の儀、是《ここ》に備《そなは》れり」とあり、大宝律令が完成している。で、問題の一節である。

倭建命《やまとたけるのみこと》の墓《つか》に震《しん》す。使を遣して祭らしむ。

ヤマトタケルの陵墓かその周辺で、大音声《だいおんじょう》が響きわたったのだろうか。落雷か地震、地鳴りの可能性もある。変事が起きたことは間違いない。朝廷《ちょうてい》は、使者を遣わして祀《まつ》らせている。

この記事から、森浩一はヤマトタケルを架空の人物と見なすわけにはいかないと指摘している（『ヤマトタケル　尾張・美濃と英雄伝説』森浩一・門脇禎二編　大巧社）。その通りだと思う。

古代から中世に至るまで、「墓の鳴動」はしばしば起きていたことが記録されていて、国家の大事に直面する時、「墓が鳴動した」と、騒がれたようだ。そして、ヤマトタケルの墓の例が嚆矢《こうし》だという（和田萃「前掲書」）。

持統太上天皇は、ここで動く。大宝二年九月二十三日に「大赦《たいしゃ》」が行われ、十月十日には、持統太上天皇が東国行幸に出立し、行幸先の国々の田租《でんそ》を免除している。参河《みかわ》（三河）、尾張、美濃、伊勢《いせ》、伊賀《いが》を経由して都に戻った。

持統太上天皇は、だいぶ無理をしていたのではなかったか。というのも、この年の十二月に崩御するからだ。死期の迫った老人が、なぜ東国に出向いたのか。それは、「ヤマトタケルの墓の鳴動」に震え上がったからではなかったか。

『日本書紀』は藤原不比等《ふじわらのふひと》の強い意志で書かれたが、藤原不比等を大抜擢したのは持統天皇（鸕野讃良皇女《うののさららのひめみこ》）だった。持統と藤原不比等はグルで、親《しん》蘇我・親《しん》尾張の天武の王家を乗っ取り、潰《つぶ》してしまった。だからタラシヒコ王家（東海系）の英雄・ヤマトタケルが恐ろしかったのではあるまいか。

❖『日本書紀』は持統天皇と藤原不比等が仕組んだ「神話」

持統天皇は夫の天武天皇崩御のあと、本来即位できる位置にいなかったが、藤原不比等の後押しを得て（そそのかしに乗って）、即位に漕《こ》ぎつけた。

持統は天武天皇の崩御の直後、天武の後継者だった甥の大津皇子《おおつのみこ》を冤罪《えんざい》で抹殺し（妃の山辺皇女《やまべのひめみこ》もあとを追って自死した）、息子の草壁皇子《くさかべのみこ》を即位させようとしたが、周囲の反発にあってかなわなかった。そこで、草壁皇子亡きあと、自ら即位している（拙著『日本を不幸にした藤原一族の正体』ＰＨＰ文庫）。

そして、持統と藤原不比等の次の目標は、草壁皇子の子・軽皇子《かるのみこ》の即位（文武天皇）になった。この段階で、数多《あまた》の天武の皇子が存命していたが、藤原不比等の暗躍で、天武と持統の孫の軽皇子の立太子が実現している。

この禅譲《ぜんじょう》こそ、歴史の大きな節目となった。

『日本書紀』の最後の記事は、持統十一年（六九七）八月一日条の「天皇、策《みはかりこと》を禁中《おほうち》に定めて、皇太子《ひつぎのみこ》に禅天皇位《くにさ》りたまふ」で、持統天皇が軽皇子に「策を定めて」禅譲した、である。

持統天皇と文武天皇どちらかの崩御の時点で歴史記述をやめるのが自然なのだ。ところが『日本書紀』は、持統天皇存命中の禅譲記事で、筆をおいている。これはいったいなんだ。ここに大きな謎がある。

持統天皇の諡号は、はじめ「大倭根子天之広野日女尊《おおやまとねこあまのひろのひめのみこと》」だったが、『日本書紀』はこれを「高天原広野姫天皇《たかまのはらひろのひめのすめらみこと》」にすり替えている。高天原の支配者・天照大神《あまてらすおおみかみ》のイメージを藤原不比等は強調したのだ。

つまり、持統天皇から孫の軽皇子への譲位は、「アマテラスから孫のニニギへの禅譲」と瓜二つであり、軽皇子はここで、天孫降臨《てんそんこうりん》を果たしている。『日本書紀』の最後の最後に、国母《こくも》・アマテラス（持統天皇）から、王権が天孫ニニギ（軽皇子）に渡されたのだ。

ここで、持統天皇はアマテラスになり、新王朝が誕生したのである。『日本書紀』は、いわば全巻が神話で、軽皇子の即位によって、はじめて歴史が始まるという構図になっていたのだ。持統天皇と藤原不比等の政権は、天武天皇が築き上げた親蘇我・親尾張政権を、静かなクーデターによって打倒してしまったわけである。

持統と不比等にとって不都合な事実は、天武天皇が壬申《じんしん》の乱を制した時、蘇我氏と尾張氏の強い後押しを受けていたことだ。さらに、藤原氏は、この戦乱で一度没落している。天武天皇崩御のあとの藤原不比等と持統天皇のタッグは、天智天皇と中臣（藤原）鎌足のコンビの再来であり、これは親蘇我・親尾張の天武政権の全否定につながる。

持統と藤原不比等は、小手先の陰謀によって「天武の王家」を潰せたわけではない。数々の卑劣なワナを用いて、恐怖を味わわせ、有力な皇族を密殺し、無理矢理、軽皇子の立太子を実現したのだ。多くの恨みを買ったし、東海勢力の復活への希望を摘み取った。すべて意図的に行ったのだ。だからこそ、祟りにも脅えた。

ヤマトタケルの墓の鳴動に震え上がったのも、このようないきさつが隠されていたからだ。

❖伊勢湾沿岸部の聖地を奪った藤原不比等

景行天皇はヤマトタケルの手に負えない荒々しさに辟易《へきえき》し、熊襲征討を命じた。するとヤマトタケルは一層凶暴な手口で、クマソタケルの兄弟を殺した。だから景行天皇は、凱旋《がいせん》したヤマトタケルを、すぐさま東国にさし向けたのだった。

「父は私に、死ねと言っているのだろうか」

と、ヤマトタケルは嘆いた。伊《い》（胆《い》）吹山《ぶきやま》の神の毒気にやられて足を傷め、能褒野《のぼの》で行き倒れになるが、その大本にあるのは父・景行天皇の心ない仕打ちだった。

悲劇的なヤマトタケルは、恐ろしい鬼であった。『日本書紀』はヤマトタケルを日本童男《やまとのおぐな》と呼んでいる。童男は童子で稚児《ちご》で、子供は、鬼を退治する力を持つ恐ろしい存在だ。スサノヲが神話の中で神々に「穢《けが》れている」と蔑《さげす》まれたように、ヤマトタケルも、鬼として捨てられ、父（ヤマト）を恨んだわけだ。

ヤマトタケルは実在しなかったと信じられ、説話の裏側を、解明する努力もなされなかったと思う。森浩一は、考古学者の立場から、おそらく東海勢力の実力に気づいていて、ヤマトタケルは絵空事ではないと発言していたのだ。

問題は、なぜ、七世紀後半から八世紀の初頭にかけて、ヤマトタケルが恐れられていたのか、である。

それは、尾張氏が推していた天武の王家が静かなクーデターによって潰されたことと、関係しているのだろう。六世紀初頭の継体天皇を後押ししていたのは蘇我氏と尾張氏で、この二大豪族は運命共同体のような関係にあり、天武もこの流れの中にあった。この体制を持統と藤原不比等は潰した。しかも、持統天皇と藤原不比等の政敵追い落としの手口が陰険で、容赦がなかったから、深い恨みを抱いた可能性が高い。

藤原不比等は『日本書紀』を編纂し、ヤマト建国の歴史の一部を神話の時代に封印している。その上で、本来男性だった太陽神・アマテラス（天照大神）を女性に仕立て直し、持統天皇になぞらえた。さらに持統天皇と藤原不比等は、伊勢神宮を整備して、『日本書紀』神話によって描かれた神話を「現実のもの」にしてしまった。神話のアリバイ工作といったところか。

伊勢神宮が今日の形に整備されたのは、七世紀後半から七世紀末だったことがわかってきた。それ以前から存在したのは、別の神を祀る聖地だった。内宮正殿《ないくうしょうでん》背後の荒祭宮《あらまつりのみや》の場所に、古墳時代の祭祀場《さいしじょう》が見つかっている。伊勢湾沿岸部の土着の人びとの信仰の場だった可能性が高い。今ある内宮正殿は、荒祭宮の場所を避けて新たに造られたものだった。

また、天武天皇は娘（大来皇女《おおくのひめみこ》。大津皇子の姉）を斎王《さいおう》に立て、伊勢斎宮《さいぐう》に送り込んでいたが、斎宮から真西にラインを引くと、正確に三輪山山麓の檜原《ひばら》神社にたどり着く。伊勢斎王が太陽神を祀り、太陽神の妻となって、太陽神からもらい受けたパワーを西に送り、天皇がこれを受けとるカラクリは、伊勢斎宮と檜原神社で完結していて、伊勢内宮は必要ない。つまり、今われわれが聖地と崇《あが》めている伊勢内宮は、持統天皇と藤原不比等が創作した「張りぼてのアマテラス」を祀っている可能性が高い。少なくとも、七世紀後半以前の伊勢の神は、伊勢湾沿岸部の（要は東海系の）土着の神だった。

さらに余談ながら、伊勢内宮背後の荒祭宮から真西にラインを引くと、奈良の葛城山頂に行き着く。

すでに述べたように、尾張氏は葛城と深い縁で結ばれているから、伊勢の荒祭宮は、伊勢湾沿岸部の人びとと霊山・葛城山を東西に正確につなぐ聖なるラインを形成していたわけで、ここに「『日本書紀』のアマテラス」が割りこんできたと思われる。

東海勢力の恨みを恐れながら、一方で東海の大切な聖地を奪うあたり、藤原不比等のしたたかさを感じずにはいられない。

そして、東海勢力の恨みを象徴しているのが〝ヤマトタケル〟である。

❖応神天皇は住吉大神の子？

ヤマトタケルの説話は、タラシヒコの王家全体の悲劇を語っているように思えてならない。特に、仲哀天皇（足仲彦天皇）は、北部九州に赴いた時、神のいいつけを守らずに急死している。どうにも、不自然な死だ。しかも、仲哀天皇に託宣《たくせん》を下した神が、いったい誰なのか、『日本書紀』ははっきりと示していない。複数の神々が登場するが、「他にもいるかもしれない」と、結論を避けている。

『古事記』の記事も印象的だ。

熊襲を討とうという段になって、訶志比宮《かしひのみや》（橿日宮）で息長帯日売命《おきながたらしひめのみこと》（神功皇后）が神《かみ》依《よ》せをした話が出てくる。その時、仲哀天皇は琴を弾き、建内宿禰《たけのうちのすくね》は託宣を聞く聖なる庭にいて、神のお告げを求めた。神功皇后に憑依《ひょうい》した神は、次のように告げた。

「西の方角に国がある。宝物の数多あるその国を帰伏させようと思う」

仲哀天皇はこれを聞いて高い場所に登ってみたが、何も見えない。嘘をつく神だと思

い、琴を弾くのをやめてしまった。すると神は怒り、

「この天下に、お前が治めるべき国はない。お前はどこかに向かってしまえ（一道《ひとみち》に向《むか》へ）」

と言う。建内宿禰は恐れ、仲哀天皇に琴を弾かれますようにと促すと、やる気のなさそうに弾かれた。しかししばらくして、その音色が途切れた。明かりを灯してみると、すでに仲哀天皇は、こと切れていた。

建内宿禰は、その神の名を問いただした。すると、「天照大神の御心《みこころ》で、また、底筒《そこつつの》男《お》・中《なか》筒男・表《うわ》筒男の三柱の大神だ（住吉三神《すみよしさんじん》）」と言う。

『古事記』の場合、アマテラスと住吉神が名乗り出ている。なぜ『日本書紀』はこれに付け足すように、「他にもいるかもしれないがわからない」と、はぐらかしたのだろう。

大阪の住吉大社に残る『住吉大社神代記《すみよしたいしやじんだいき》』は、奇妙な話を記録している。仲哀天皇が亡くなった晩、住吉大神《すみよしのおおかみ》と神功皇后は、「夫婦《めおと》の秘め事をした」と言う。

『日本書紀』も『古事記』も、仲哀天皇と神功皇后の間に生まれた子が応神と言うが、仲哀天皇が亡くなってから十月十日後に応神は生まれている。だから、住吉大神の子でもおかしくはないし、他の拙著の中で触れてきたように、住吉大神の別名は塩土老翁《しおつつのおじ》で、こ

の神は名からわかるとおり老人で、武内宿禰の属性にそっくりだ。武内宿禰は三百歳の長寿を保ったという。

『古事記』の仲哀天皇が亡くなった場面で登場するのは、神功皇后と建内宿禰だけだ。住吉大社の境内《けいだい》には、住吉三神を祀る社殿が三棟、まっすぐ縦に並び、その隣に、神功皇后を祀る社殿が鎮座する。そして住吉大社では、仲哀天皇を祀っていない。住吉大社は、建造物を利用して、「住吉大神と神功皇后は仲睦《なかむつ》まじかった」ことを表現している。そして、仲哀天皇を排除している形になる。とすれば、応神は住吉大神と神功皇后の間の子なのではなかろうか。

謎めくのは、なぜ王家や朝廷は、住吉大社の不敬で不遜な態度を黙認してきたのか、ということだ。

❖「魏志倭人伝」に登場する男王は仲哀天皇か

ここでわれわれは、ひとつの固定観念を捨てなければならない。仲哀天皇と神功皇后が北部九州に攻め込んでいたのが、三世紀の半ばとすれば、まだヤマトの王もハッキリと「世襲化」されていたわけではなかったこと、「天皇の祖」も、纏向に集まってきた「とある地域の有力者」にすぎなかったことだ。だから、天皇家の祖が仲哀天皇か住吉大神の子なのかについて、「仲哀天皇の子に決まっている」と、決め付ける必要はないのである。

くり返すが、『日本書紀』は、神武天皇がヤマトにやってきた時、すでにニギハヤヒが舞い下りていて、しかもそれ以前に君臨していたナガスネビコの妹を娶って王権を禅譲してもらったと言っている。そういう混沌《こんとん》の時代の物語なのだ。「天皇家の祖が住吉大神（塩土老翁・武内宿禰）のはずがない」と、目くじらを立てないでほしい。

纏向に集まった人びとが、朝鮮半島とのもっとも安全な流通ルートを独占していた北部九州になだれ込んでいった時代だ。ヤマトの土着の勢力、山陰地方、瀬戸内海、東海地方からやってきた人びとたちが、主導権争いをしていた真っ最中のできごとである。

さて、仲哀天皇はタラシヒコの王家の最後の王だ。筆者はタラシヒコの王家は東海系だったと考えている。また、仲哀天皇とともに北部九州に乗り込んだ神功皇后を『日本書紀』は、「邪馬台国《やまたいこく》の時代の人だったかもしれない」と言っている。くどいようだが、彼らはヤマト建国の考古学を、ほぼなぞっている。通説はなぜ、この事実を無視するのだろう。

仲哀天皇と神功皇后は三世紀に北部九州になだれ込んでいたと仮定すると、多くの謎が解けてくる。『日本書紀』は神功皇后が山門県《やまとのあがた》の女首長を殺したと言う。つまりここでヤマトを僭称《せんしょう》していた〝北部九州の邪馬台国〟は滅んだにちがいない。

ただ、ここでひとつの疑問が浮かぶ。『日本書紀』や『古事記』は、橿日宮で仲哀天皇が亡くなったあと、神功皇后は南進し、山門県の女首長を殺したと証言している。ところが、この記述が「魏志倭人伝《ぎしわじんでん》」とうまく合致しない。それが、次の一節だ。三世紀半ば、邪馬台国の卑弥呼《ひみこ》が狗奴国《くなこく》との戦いの最中に亡くなったあと、新たな男王が生まれようとしていたというのだ。この男王が謎めく。

更に男王を立てしも、国中服せず。更《こも》ご相誅殺《あいちゅうさつ》し、当時千余人を殺す。また卑弥呼の宗女壱与《そうじょいよ》（台与《とよ》）年十三なるを立てて王となし、国中遂に定まる。

この記事に登場する男王は、仲哀天皇ではあるまいか。『日本書紀』や『古事記』は、橿日宮で神のいいつけを守らずに熊襲を討とうとした仲哀天皇が変死したと記録するから、本当ならここに仲哀天皇はいないはずだ。しかし、神功皇后と共に山門県の女首長（卑弥呼）を殺したあと、仲哀天皇が王位に就こうとして、混乱が起きて殺されたのではなかったか。仲哀天皇の存在を認めなかったのは、瀬戸内海勢力を中心とするヤマトの残留組であろう（東海勢力も含まれる）。そしてこのあと、ヤマトと北部九州は女王を立てるという妥協案に落ちついたのではなかったか。こうして神功皇后（トヨ）が、邪馬台国の女王に立ったのだろう。

ちなみにトヨは、大量の真珠とヒスイの勾玉《まがたま》を魏に貢納したと「魏志倭人伝」は記録している。卑弥呼の時代には、このような贈り物はなかった。トヨが海の女王で、しかも日本海勢力に推されていたからだろう。ヒスイは新潟県糸魚川《いといがわ》市のものが珍重されていた。海から海岸に打ち上げられる、海の神の贈り物がヒスイだった。

つまり、仲哀天皇と神功皇后は、山門県を攻め滅ぼし、最初は仲哀天皇が王に立とうとしたが、失敗したのが本当のところだろう。すでに触れたように、「親魏倭王《しんぎわおう》＝卑弥呼」を殺したことを秘匿《ひとく》するためにも、卑弥呼の宗女（一族の女性）のトヨを登場させ、魏に報告したに違いない。ただし、魏の次の晋《しん》は、トヨを軽視した。だからヤマトは、後ろ盾を失ったトヨを裏切ったのだろう。

そう思う根拠は、出雲《いずも》神話によく似た事件が記されているからだ。そこで話は出雲神話の天稚彦《あめわかひこ》とアジスキタカヒコネに飛ぶ。この二柱の神が、仲哀天皇と尾張氏の正体を知るためのヒントを握っている。

❖国譲り神話の真相と天稚彦の悲劇

まずここで注意すべきことは、出雲の国譲り神話の舞台を「島根県東部」と信じきってしまうと、真相を見誤る点だ。結論を先に言ってしまえば、出雲の国譲りも、北部九州に遣わされた仲哀天皇と神功皇后が、ヤマトの居残り組に裏切られた物語ではなかったか。

すでに述べたように、出雲の国譲りは経津主神《ふつぬしのかみ》と武甕槌神《たけみかづちのかみ》のコンビによって達成された。この二柱が、物部系と尾張系だった話もしている。ただ、その直前まで、出雲の国譲りは、何度も失敗していたのだ。この物語の中に多くのヒントが隠されている。

そこで出雲の国譲りの直前の悲劇的な物語を追っていこう。

国譲りの工作員として最初に天上界から出雲に遣わされた神は天穂日命《あまのほひのみこと》で、末裔《まつえい》は出雲国造家《こくそうけ》になってゆく。ただ、天穂日命は出雲に同化してしまい、役に立たなかった。そこで天上界の高皇産霊尊《たかみむすひのみこと》は、次善の策を練っていく。

『日本書紀』神代下第九段本文に、次の話が載る。

高皇産霊尊は次の一手を打った。天国玉《あまつくにたま》の子の天稚彦は、勇壮な神と評判だった。そこで高皇産霊尊は天稚彦に天鹿児弓《あまのかごゆみ》と天羽羽矢《あまのははや》を授け、送り出した。

ところが、天稚彦も高皇産霊尊を裏切ってしまった。地上界に降りると、大己貴命《おおなむちのみこと》の娘・下照姫《したでるひめ》を娶り同化してしまった。しかも、

「私も葦原《あしはらの》中国《なかつくに》を統治しようと思う」

と宣言してしまい、復命しなかったのである（この天稚彦の言葉、重要）。

天稚彦は、たまたま高皇産霊尊の投げた矢にあたって、亡くなってしまった。しかもそれは、新嘗祭《にいなめさい》（即位儀礼）のために寝そべっている時だった。

天稚彦の遺骸は天上界にあげられ、葬儀が行われた。

これより以前、天稚彦は葦原中国でアジスキタカヒコネ（味耜高彦根神《あじすきたかひこねのかみ》）と友情を育《はぐく》んでいた。そこでアジスキタカヒコネは、天に昇り天稚彦を弔《とむら》った。すると、アジスキタカヒコネの容姿が生前の天稚彦に生き写しであったため、天稚彦の親族は、

「我が君は、まだ生きていらっしゃったのだ」

と帯にすがり、喜び、涙した。

アジスキタカヒコネは怒り、

「友の道として弔うのは当然のことだ。だからこそ、穢らわしいことも憚《はばか》らず、こうして遠くからやってきて弔っている。なぜ、死者と間違えるのか」

と言い、腰に帯びていた剣・大葉刈《おおはがり》を抜き、喪屋《もや》を切り伏せてしまった。喪屋は地上界に落ちた。今美濃国の藍見川《あいみがわ》（岐阜県不破郡垂井町《ふわぐんたるいちょう》の相川《あいかわ》）の川上にある喪山《もやま》（垂井町の送葬山と考えられている）がそれだ。

そしてこの話は、世の人が生きているものを死者と間違えることを忌《い》み嫌う所以《ゆえん》である、という。

天稚彦とアジスキタカヒコネの話、じつに怪しい。

まず、天稚彦とアジスキタカヒコネは、どちらも東海と強い縁がある。

天稚彦の喪屋は、天上界から岐阜県不破郡に落ちたと言っている。美濃は近江で前方後方墳が誕生したあと、東海地方でもっとも早い段階で前方後方墳が造営された地域だった。また、尾張系氏族が多いことでも知られている。天稚彦は、美濃出身の東海系の王（首長）だった可能性が高い。

さらにアジスキタカヒコネも、尾張氏と接点を持つ。

『出雲国造《いずものくにのみやつこ》神賀詞《かむよごと》』に、出雲を代表する四柱の神が、ヤマトの王の守神になると宣言し、それぞれの神が奈良盆地の南部に鎮座していくが、アジスキタカヒコネは葛城の神奈《かんな》備《び》に鎮まっている。大和国葛上郡《やまとのくにかつらぎのかみのこおり》の高鴨阿治須岐託彦根命《たかかもあじすきたかひこねのみこと》神社（奈良県御所市の高鴨《たかかも》神社）だ。葛城と言えば、尾張氏を連想する。葛城には「高尾張邑《たかおはりのむら》」の地名が残る。

天稚彦とそっくりなアジスキタカヒコネ。しかも二人は、東海地方と縁で結ばれている……。ふたりの物語を、どう読み解けば良いのだろう。

天稚彦が「出雲（けっして島根県ではないはずだ）」に工作員として潜入していたのに、「私もこの国（葦原中国）を治めてみたい（王に立ちたい）」と述べて殺されていたところに、重大なヒントが隠されていると思う。「魏志倭人伝」に登場した卑弥呼亡きあとの男王と、最後のタラシヒコの王＝仲哀天皇にも通じている。

❖「神武を拒んだ東海」と「神武を受け入れた東海」

ヤマト建国の黎明期に、いったい何が起きていたのだろう。

ヒントは、「二つの尾張」ではなかろうか。

すでに述べたように、タラシヒコの王家は「東海」や「尾張氏」と接点を持っていた。

タラシヒコの王家は、「東海系の王家」だろう。ただ、タラシヒコの王家とひとくくりにしてしまうからわからなくなってしまうのであって、タラシヒコの王家の一員であるヤマトタケルが東西日本で別人格として描かれたように、「二つの尾張氏」が存在したのではなかったか。たとえば、神武東征の段で、「神武を拒んだ東海」と「神武を受け入れた東海」に分裂している。

東海勢力は一枚岩ではなく、濃尾平野《のうび》に散らばっていた諸勢力やそれぞれの王たちの異なる思惑がからんでいた可能性を疑っている。

まず、「神武を拒んだ東海」は、ナガスネビコだ。瀬戸内海を東にやってくる神武一行を生駒山《いこまやま》ではね返し、紀伊《きい》半島を迂回してヤマトにやってきた神武に、最後まで抵抗している。

これに対し、「神武を受け入れた東海」が、高倉下《たかくらじ》だ。

熊野の荒坂津《あらさかのつ》（三重県熊野市）で土地の丹敷戸畔《にしきとべ》なる者を討ち取ったが、悪神が毒気を吐いたので、兵士たちはへたり込み、身動きできなくなってしまった。

ここで高倉下が登場し、神武天皇を救っている。経緯は以下の通り。

高倉下の夢の中で、アマテラスがタケミカヅチに、

「葦原中国は騒然としている。お前が行って討ち取ってこい」

と命じた。すでに述べたように、タケミカヅチは尾張系の神だ。ところがタケミカヅチは、

「私が行かなくとも、平国之剣《くにむけしつるぎ》（タケミカヅチの使っていた剣）を下せば国は平らぐでしょう」

と言い、アマテラスはうなずいた。そこでタケミカヅチは、高倉下に語った。

「私の剣を名付けて韴霊《ふつのみたま》という。お前の倉のなかに置いておいたから、それを天孫（神武）に献上しろ」

ここで高倉下は目を覚まし、倉にあった剣を神武に献上すると、神武一行は精気を取り戻した。

高い倉の下に剣が置いてあって、それを見つけたのが高倉下という、できすぎた話ではある。

この高倉下の素姓について、『日本書紀』は「熊野の高倉下」と記すだけで、はっきり

としないが、『先代旧事本紀』は、尾張氏の祖の天香語山命《あまのかごやまのみこと》だと記録している。また、籠《この》神社（京都府宮津《みやづ》市の元伊勢《もといせ》）の『海部氏系図《あまべしけいず》』（『勘注系図』）に、始祖・天火明命《あまのほあかりのみこと》の子・天香語山命の子供と記録されている。

ちなみに、和歌山県新宮《しんぐう》市に神倉《かみくら》神社が鎮座し、高倉下が祀られている。ここは熊野権現《くまのごんげん》（熊野大神）が唐《とう》の天台山《てんだいさん》から日子山《ひこやま》（英彦山《ひこさん》。福岡県と大分県の県境）や四国を経由して、ゴトビキ岩に舞い下りた地でもある。神倉神社の神を勧請《かんじょう》して、熊野速玉《はやたま》神社（熊野新宮《にいみや》）は創建されている。神武天皇も東征の折、立ち寄ったという。

『日本書紀』には神武天皇が「熊野の神邑《みわのむら》に至り、天磐盾《あまのいわたて》に登った」とあり、これが神倉神社のゴトビキ岩と考えられている。熊野のこの一帯は、尾張氏と強く結ばれた地域で、霊剣を授かったタケミカヅチも尾張系だから、高倉下ももちろん尾張系で、東海系だろう。

❖天香具山祭祀を行った椎根津彦

神武東征に現れたもう一人の助っ人が、尾張氏とつながっている。それが、椎根津彦《しいねつひこ》（珍彦《うずひこ》）だ。『日本書紀』の記事を拾っておく。

日向《ひむか》を出立した神武の一行は、速吸之門《はやすいなと》（四国と九州の間の豊予《ほうよ》海峡）で、船に乗ってやってくるひとりの海人《あま》に出会った。天皇は招いて、「お前はだれだ」と問うと、

「私は国神《くにつかみ》で名は珍彦と申します。入り江で釣りをし、天神の子（神武）がいらっしゃることを聞き、こうして迎えにあがりました」

と言う。

「お前は私のために、先導をしてくれるのか」

と問うと、「導きます」と言うので、天皇は勅《みことのり》し、海人に椎竿《しいさお》を授け、とらせ、皇舟《みふね》に引き入れて、水先案内人にした。

そこで名を椎根津彦とした。

『古事記』の場合、珍彦（槁根《さおね》津日子《つひこ》）が登場したのは明石《あかし》海

椎根津彦（珍彦）

菊池容斎（武保）著『前賢故実』巻之一（東陽堂）より転載。
国立国会図書館デジタルコレクション
https://dl.ndl.go.jp/pid/778225（参照 2024-05-21）

峡で、釣り竿を持ち亀に乗り、袖を鳥のようにはばたかせてやってきたという。

椎根津彦、何者なのだろう。『古事記』には、倭国造《やまとのくにのみやつこ》等の祖だとある。旧大和国の有力者だろうか。

ちなみに『新撰姓氏録《しんせんしょうじろく》』は、神知津彦命《かむしりつひこのみこと》（椎根津彦）の末裔に倭太《わた》の名を挙げている。この「倭太」は、「和田」で「わた」は「わたつみ」の「わた」で、海を意味している。

ならばなぜ、椎根津彦は瀬戸内海の海人として登場し、しかも、神武天皇に手をさしのべたのだろう。元々は瀬戸内海の海人で、神武東征の功績が認められて、倭国造に任命されたのだろうか。

ところで、丹後半島の付け根の籠神社の主祭神は、尾張氏の祖神・彦火明命だが、その四代の孫が椎根津彦だと伝えている。

椎根津彦（珍彦）が、尾張系というのは本当なのか。ならばなぜ、瀬戸内海に現れたのだろう。

『日本書紀』には、陸に上がったあとも、椎根津彦が活躍していたとある。特に印象的なのは、天香具山祭祀である。その様子を追ってみよう。

神武が宇陀《うだ》から国（ヤマト）の様子をうかがうと、敵の軍勢が群がっていた。神武は憎み、その夜、自ら祈誓《うけい》を立てて寝た。天神が教えて言うには、「天香具山の土を採って天平瓮《ひらか》八十枚を造り、天神地祇《てんじんちぎ》を祀り、呪詛《じゅそ》すれば、敵は自ずと帰伏するだろう」という。

椎根津彦に破れた衣と簑笠を着せて老父の姿にして、さし向けた。椎根津彦は次のように、祈誓を立てた。

「わが天皇が本当にこの国を治められるなら、行く道は開けるだろう。それが不可能なら、賊に阻止されるだろう」

こう言って天香具山に向かうと、みすぼらしい格好を見て敵兵は大笑いし、道をあけた。こうして埴土《はにつち》を使い、丹生川《にうがわ》の上流（菟田川《うだがわ》）で、天神地祇を祀った。

神武は菟田川で八十平瓮と天手抉《あまのたくじり》八十枚（丸い祭祀土器）を用いて潔斎《けっさい》をし、敵を呪った。八十平瓮で水を用いずに飴《たがね》（団子のようなもの）を造り、厳瓮《いっへ》を沈めた。魚が酔って流れたら、国を治めることができるという。魚がすべて浮き上がった様子を、椎根津彦は奏上した。

これが、椎根津彦による天香具山祭祀だ。

❖倭直の祖・椎根津彦は尾張系

天香具山はヤマトを代表する霊山で、大和三山（畝傍山《うねびやま》、耳成山《みみなしやま》、天香具山）を構成している。「ヤマトの物実《ものざね》（ヤマトそのもの）」と考えられていた。天香具山の土を奪ったものが、ヤマトの王に立てるとも考えられていたようだ。

天香具山は、神話に登場する。天上界でくり広げられた天岩戸《あめのいわと》神話で重要な働きをしている。天香具山の真男鹿《まおしか》、天《あま》のははか（カニワ桜）や、真坂樹《まさかき》（真榊）、天香具山の金が、占いや祭祀に用いられた。現世にも天上界にも、天香具山は存在すると信じられていたわけだ。

『伊予国風土記《いよのくにのふどき》』逸文には、伊予国（愛媛県）に「天山《あまのやま》」があって、元々は天上界にあったものと言い、天から下る時に割れ、片一方がヤマトに下り、天香具山になったと言っている。

池田源太は、大和三山には序列があり、歴史にもっとも早い段階で登場する天香具山がトップに立つと指摘している（『大和三山』学生社）。崇神天皇の時代に謀反が起きた時、天香具山の埴土の奪い合いが起きている。武埴安彦《たけはにやすひこ》の妻・吾田媛《あたひめ》が香具山の土をとって領《ひ》巾《れ》に包み呪詛している。

注目すべきは「天香具山」の名が、尾張氏の祖の「天香語（具）山命」に通じていることだ。椎根津彦が天香具山の埴土をとってくるように命じられたのは、天香具山が尾張系の山だったからではあるまいか。椎根津彦は、尾張系だった可能性が高いからだ。

もうひとつ、椎根津彦は大活躍をしている。『日本書紀』の続きの記事をあげておく。

椎根津彦は強敵・兄磯城《えしき》を討つ計略を立て、奏上した。神武はこの策を採って、神武天皇はヤマトに乗り込むことができた。

神武二年二月、論功行賞が行なわれ、道臣命《みちのおみのみこと》（大伴《おおとも》氏の祖）や頭八咫烏《やたのからす》らに褒美を与え、珍彦（椎根津彦）は倭国造に任命された……。

これで椎根津彦の活躍は終わる。そして椎根津彦は倭 直部《やまとのあたいら》（倭国造）の祖だと記録されている。大和《おおやまと》神社（奈良県天理市《てんり》）を祀ってきたのがこの一族であり、大和神社こそ、いわゆる「おおやまと」を代表する神社だ。三世紀初頭、東海地方の人びとが集住し、前方後方墳が造られた地域でもある。

ここで、興味深い古墳を紹介しておきたい。箸墓《はしはか》（箸中山古墳《はしなかやま》）のすぐ近くのホケノ山古墳（奈良県桜井市）で、墳丘長約八〇メートルの前方後円墳だ。箸墓が造られる直前の、三世紀半ばか後半に造られたと考えられている。ヤマト建国の黎明期の前方後円墳だ。

特記すべきは、墳丘の上段に東海系の二重口縁壺《にじゅうこうえんつぼ》が並んでいること、そしてもうひとつ、くびれ部には西部瀬戸内の伊予・豊後《ぶんご》の壺棺《つぼかん》などが並んでいたことだ（坂靖『ヤマト王権の古代学』新泉社）。この物証から、東海系の人物が埋葬主体で、伊予と豊後と何かしらの強い結び付きがあったと思われる。

このホケノ山古墳、椎根津彦のあり方によく似ている。丹後《たんご》半島の籠神社の伝承にしたがえば、椎根津彦は尾張系だが、彼は豊予海峡に出現していて、のちに末裔が倭国造に任命され、東海系と縁の深い「おおやまと」の大和神社を祀った。ホケノ山古墳は、ヤマトの中枢部の東海系の土器が約半数を占める纒向に造られた。椎根津彦はやはり尾張系だろう。

『日本書紀』の言う珍彦の活躍は、まったくの絵空事ではないし、神武を救ったもうひとりの尾張系の人物であろう。

❖ニギハヤヒとナガスネビコに裏切られた仲哀天皇

ここで改めて、「二つに分裂した尾張」について、考えておきたい。なぜ「神武を受け入れる尾張」、「神武を拒む尾張」に分かれたのか。

タラシヒコの王家の始祖は景行天皇（オオタラシヒコオシロワケ）で、その正体は「スネの長い男＝ナガスネビコ」だった。ナガスネビコはニギハヤヒよりも先にヤマトに君臨していた王で、この男は東海からやってきた人物にほかなるまい。ナガスネビコ＝景行天皇は東海の王だろう。

景行天皇は纏向に宮を置いたが、晩年は近江に遷り、その後のタラシヒコの王家も近江に留まり「前方後方墳勢力側の王」になった。つまり、タラシヒコの王家の故地は近江や東海の前方後方墳の文化圏で、東海の王の一族である。

タラシヒコの王家の最後となる仲哀天皇は、神功皇后（オキナガタラシヒメ）とともに北部九州に赴いた。この行動は、ヤマト建国の考古学をなぞっていた。しかし仲哀天皇は、神のいいつけを守らなかったために変死した。その神がだれなのか、『日本書紀』は言葉を濁している。アマテラスのようで、住吉大神のようでもあり、ハッキリとしない

（なぜ、特定しなかったのだろう）。

出雲の国譲り神話の中で、天稚彦は「私もこの国（葦原中国）を治めてみたい（王になりたい）」と発言し、高皇産霊尊に殺された（物語は偶然を装っているが）。天稚彦の喪屋は美濃に落ちたと言い、ちょうど、前方後方墳が最初期に造られた場所にあたる。天稚彦は東海の王族で、「どこかの王になろうとして殺されたモデルが存在した」と考えられる。神話の舞台は出雲だが、これは『日本書紀』の目くらましであって、他の地域の事件であってもなんら不思議ではない。

「魏志倭人伝」には、卑弥呼亡きあと男王が立つも、みな服さず、千余人が死んだと言い、女王・壱与（台与）が担ぎ上げられたとあるが、これまでの私見を重ねれば、この状況、ヤマト（大和）の台与（たち）が九州のヤマト（邪馬台国）を攻め滅ぼし、そのあと、台与のパートナーが立つも、横槍が入り、排除されたということになる。

これらを総合すれば、東海の王族（タラシヒコの王家）の仲哀天皇は、神功皇后（台与）とともに北部九州に赴き、九州のヤマト（邪馬台国）を滅ぼし、その邪馬台国の女王が親魏倭王だったために、魏に報告できず、やむなく邪馬台国の卑弥呼の親族を装い、男王（仲哀天皇）が立ったが、本物のヤマト政権側が「それはないだろう」と、拒んだと推理することができる。

そして、仲哀天皇はタラシヒコの王家の一員だったが、ヤマト（大和）に残っていたニギハヤヒ（吉備系）とタラシヒコの王家の片割れ・ナガスネビコ（東海系）の反発に遭《あ》い、裏切られる形になったのではあるまいか。

つまり、ここでタラシヒコの王家＝東海系＝尾張は、二つに分裂したのだろう。

その、二つに分裂した尾張（タラシヒコの王家）のナガスネビコは、のちに神武天皇のヤマト入りを拒み、もうひとつの仲哀天皇側のタラシヒコの王家は、神武天皇の受け入れに積極的だったのではなかったか。

このような推理が、成立するのだろうか。そこでいよいよ次章、尾張氏の正体と、ヤマト建国史の裏側を、はっきりとさせようではないか。

第四章

ヤマト建国神話に隠された尾張氏の正体

❖なぜ日本(倭)大国魂神は恐ろしかったのか

ヤマト建国前後の主導権争いは熾烈《しれつ》を極《きわ》め、最後に笑ったのは吉備《きび》系の王・ニギハヤヒ（崇神《すじん》天皇）だった。ただし、疫病《えきびょう》の蔓延《まんえん》を日本海の大物主神《おおものぬしのかみ》の祟《たた》りと考えたニギハヤヒは、祭司王を求めた。そして南部九州に逼塞《ひっそく》し、零落《れいらく》していた日本海の貴種《きしゅ》（大物主神の末裔《まつえい》）・神武《じんむ》（応神《おうじん》）を呼び寄せた……。

東海勢力は、二度の悲劇――仲哀《ちゅうあい》天皇とナガスネビコ（景行《けいこう》天皇）の死（この順序は『日本書紀《にほんしょき》』と逆だが、本来の時系列はこちら）――に見舞われ、没落していった。東海勢力は、ヤマト建国のきっかけを作ったのに、その後中央での活躍は、ほぼなくなってしまったのだ。

六世紀初頭、越《こし》（福井県）の男大迹王《おおどのおおきみ》（継体《けいたい》天皇）がヤマトに求められ即位した時、男大迹王の妃《みめ》が東海地方の尾張《おわり》氏の目子媛《めのこひめ》だったから、一気に復活するチャンスを得たが、二人の尾張系の御子《みこ》が即位するも、そのあとが続かなかった。

七世紀に至り、壬申《じんしん》の乱（六七二）で尾張氏は大海人皇子《おおあまのみこ》に加勢し、勝利を収めるが、その後藤原《ふじわら》氏が台頭し、『日本書紀』が編纂され、尾張氏は「壬申の乱で活躍していたこと」すら、記録されず、徹底的に無視された。東海勢力のヤマトに対する恨みは、さらに深くなっていっただろう。

その逆に、朝廷《ちょうてい》は東海勢力を恐れるようになっていく。

八世紀初頭、持統太上天皇《じとうだいじょう》は、東海地方のヤマトタケルの陵墓《りょうぼ》の鳴動《めいどう》に震《ふる》え上がったが、それには確かな理由があった。尾張氏が後押ししていた「天武《てんむ》の王家」を裏切ったからだ。持統太上天皇は東海地方の深層に眠る「怒り」を、呼び覚ましてしまったのだろう。東海地方は、ふたたび「ヤマトを恨む地域」になり、八世紀の朝廷は、都で不穏な空気が流れると、必ず東に抜ける三関《さんげん》を閉じた。東海から東を、藤原政権は仮想敵と見なし始めたのである。

『日本書紀』は、三世紀から続く東海地方の忿怒《ふんぬ》の感情を隠し、別の形で表現しているように思えてならない。たとえば、日本《やまとの》（倭）大国魂神《おおくにたまのかみ》がそれだ。だから、この神の正体を明かすことで、尾張氏の本当の歴史が見えてくると思う。

すでに述べたように、実在の初代王の崇神天皇（吉備系の王・ニギハヤヒ）は、疫病の蔓延に苦しめられ、日本海勢力のシンボル（神）・大物主神の祟りと知り、丁重に祀《まつ》ったが、ほぼ同時進行で、不可解な行動をとっている。それは、宮中で祀っていたアマテラス

（天照大神）と日本大国魂神の「神威が恐ろしい」という理由で、遠ざけたのだ。

アマテラスは記紀《きき》神話に登場する王家の祖であり、なぜ、自身の祖神が恐ろしかったのか、理解できない。そして日本大国魂神は、「ヤマトの土地の神」であり、こちらも、なぜ「宮中でともに暮らせない」と、崇神天皇は考えたのだろう。

問題は、それだけではない。

崇神天皇はアマテラスを娘の豊鍬入姫命《とよすきいりびめのみこと》に、日本大国魂神をこれも娘の渟名城入姫《ぬなきのいりびめの》命《みこと》に託し（憑依《ひょうい》させ）て、宮から外に出し、祀らせたが、日本大国魂神が憑依した渟名城入姫命は髪の毛が抜け落ち、体がやせて、祀ることができなくなってしまった。

このあと『日本書紀』は、大物主神の子・大田田根子《おおたたねこ》を大物主神を祀る主とし、倭直《やまとのあたい》の祖の長尾市《ながおち》を日本大国魂神を祀る主にしたとある。日本大国魂神を倭直が祀り始めるきっかけとなったが、なぜ、王家は都に定めた土地の神・日本大国魂神が、大物主神やアマテラスよりも恐ろしかったのだろう。

中村生雄は、『日本書紀』垂仁《すいにん》二十五年三月条分注（異伝）に注目している。そこには、次のようにある。日本大国魂神が告げた言葉である。

天地開闢《てんちかいびやく》の直前に約束をした。アマテラスは天上界を治めよ。代々の天皇はもっぱら葦原中国《あしはらのなかつくに》の天神地祇《てんじんちぎ》を治めよ。私は自ら地主神《じぬしがみ》を治めようと、おっしゃって決まっていた。ところが崇神天皇は天神地祇は祀ったが、その根源を理解していなかった。枝葉のところでやめてしまったから、短命だったのだ。そこであなた（垂仁天皇）は、先帝にはできなかった祭祀《さいし》をしなさい……。

その上で、長尾市が日本大国魂神の祭主に就任したのだった。

中村生雄は、ヤマトの土着の神（国神）の日本大国魂神を祀り続けることができるのは、大王家の娘ら天孫《てんそん》系ではなく、「元来の大和の支配者たる倭直の祖ナガヲチひとりであった」ことを物語っているという（『日本の神と王権』法藏館）。

さらに、この異伝と日本大国魂神祭祀について、崇神天皇は外来の征服者と推理し、「土着の民の怨念《おんねん》と敵愾心《てきがいしん》によって醸成された」と言うのである。

ただし、本当に日本大国魂神がヤマトの土着の神かというと、じつに怪《あや》しい。筆者は、東海（尾張）系ではないかと疑っている。

第十代崇神と第十一代垂仁天皇の時代、アマテラスと日本大国魂神は恐れられ、放逐《ほうちく》された。この時代の天皇が「瀬戸内海（物部《もののべ》）系」だったからだ。その事実こそが問題の本質を突いていると考える。

❖記紀の記事から「倭直」の正体を探る

これまでほとんど注目されてこなかった日本大国魂神だが、ヤマト建国前後の政権内部の熾烈な主導権争いの真相と秘密を、この神が背負っているとしか思えないのである。日本大国魂神とこれを祀る倭直を探っていけば、尾張氏の正体のみならず、王家やヤマト建国の歴史の裏側が露顕してくるのではないかという、かすかな予感がある。

そこで、日本大国魂神の謎を知るためにも、倭直の正体を明らかにしなければならない。

ここまで、倭直は尾張系ではないかと推理してきたが、多くの学者は、倭直を尾張系とみなしていない。ならば、倭直と尾張氏がつながるような傍証や仮説を用意しなければならない。この章の最後に至るまで、話題の中心は、ここに置く。

『日本書紀』や『古事記《こじき》』には、倭直の説話がいくつか載っている。

①神武東征説話の中で、神武を導き助ける椎根津彦《しいねつひこ》。②崇神・垂仁朝（ヤマト建国の初

期）が日本（倭）大国魂神を祀るが、そこに倭直の遠祖・長尾市が登場する。③応神天皇から雄略《ゆうりゃく》天皇の時代に至る長い期間、倭直吾子籠《あごこ》が英雄的な活躍を見せる。そして、④倭国造《やまとのくにのみやつこ》としての歴史だ。

この四つの説話の中で、もっとも印象に残りやすいのは椎根津彦だ（何しろ、姿形が「浦島太郎」そのものだったから）。そして椎根津彦のあとに活躍するのが、長尾市だ。すでに述べたように、日本大国魂神を祀り始めている。

また長尾市は、垂仁天皇の時代に活躍している。播磨《はりま》に遣わされ、新羅《しらぎ》から渡来してきたアメノヒボコ（天日槍）の素姓を調べさせたとある。

当麻蹶速《たぎまのけはや》伝説にもからんでくる。当麻邑《たぎまのむら》（奈良県葛城《かつらぎ》市當麻《たいま》）に当麻蹶速という怪力の男がいて、かなう者はいないと豪語していたが、出雲《いずも》の野見宿禰《のみのすくね》という勇者がいるというので、垂仁天皇は長尾市を遣わして、野見宿禰を招いた。そして野見宿禰は当麻蹶速の腰を砕いて殺すことになる。

このあと倭直が登場するのは、応神《おうじん》天皇崩御の直後のことだ。

『日本書紀』応神四十一年春二月に応神天皇が亡くなり、一悶着起きた。皇太子の菟道稚《うじのわき》郎子《いらつこ》は兄の大鷦鷯尊《おおさざきのみこと》（のちの仁徳《にんとく》天皇）に相談した。

「天下《あめのした》に君として万民を治める者は、天のように民を覆い、地のように民を受け入れなければなりません。私は弟で、賢明でもありません。先帝が私を皇太子に立てたのは、才能があるからではなく、ただかわいいからでしょう。聖人が君となり愚者が臣となるのが、当たり前です」

こう言って、大鷦鷯尊に譲位しようとした。しかし、兄も譲らず、埒《らち》が明かなかった。

そうこうしている間に、額田大中彦皇子《ぬかたのおおなかつひこのみこ》（応神の子）が倭の屯田《みた》と屯倉《みやけ》を掌握しようと考えた。屯田司《みたのつかさ》で出雲臣《いずものおみ》の祖の淤宇宿禰《おうのすくね》に「この屯田は、元より山守《やまもり》（山の管理者）の土地だ。ここを私のものにしたい。お前が管理してはならない」と告げた。これを淤宇宿禰は皇太子に報告した。皇太子は、「それは大鷦鷯尊に申し上げよ」と言うので、淤宇宿禰は、大鷦鷯尊に報告した。大鷦鷯尊は、倭直の祖の麻呂《まろ》に「なぜ倭の屯田を山守の領地だと言うのか。その理由は何か」と尋ねられると、「私の弟の吾子籠だけが知っています」と言う。ただ吾子籠はこのとき韓国《からくに》に行っていたので、淤宇宿禰は韓国に赴き、吾子籠を連れて帰還した。吾子籠は、

「垂仁天皇の御世《みよ》に太子のオオタラシヒコ（景行天皇）に命じて、倭の屯田を定められました。この時勅旨《ちょくし》で、倭の屯田は、つねに天皇のものである。天皇の子も、管掌《かんしょう》するこ

とはできないと仰せられました。それを山守の領地という話は、間違っています」

そこで大鷦鷯尊は、吾子籠を額田大中彦皇子のもとに遣わし、いきさつを知らせた。また、大鷦鷯尊は、額田大中彦皇子を、許した。

❖倭直はどこからやってきたのか

倭直吾子籠は、このあとも『日本書紀』に顔を出す。

仁徳六十二年夏五月、遠江《とおとうみ》の国司《くにのみこともち》が報告してきた。「大樹があって、大井川《おおいがわ》から流れ、川の曲がりの角に留まってしまいました」と言う。そこで倭直吾子籠を遣わし、船を造らせ、南の海から運んで難波津《なにわのつ》に持ってきて、御船にした。

ここでは、倭直が「海人《あま》」の技能を有していることが示されている。

履中《りちゅう》天皇が即位する直前、太子（履中）はひとりの女性を妃に迎えようと思い、弟の仲皇子《なかつみこ》（住吉仲皇子《すみのえのなかつみこ》）を遣わした。ところが仲皇子は「私が太子」と偽《いつわ》り、その女性を犯してしまった。ことは露顕《ろけん》し、仲皇子は謀反《むほん》を起こした。倭直吾子籠は、もともと仲皇子と仲が良かったので、仲皇子に加勢した。ただ、太子の軍勢と対峙し、敵が大勢であることにたじろぎ、「太子をお助けするために、兵を備え、お待ちしておりました」と、弁明した。太子は疑ったので、倭直吾子籠は、妹を太子に差し出した。倭直らが采女《うねめ》を貢《こう》上《じょう》するようになったのは、この時から始まったと『日本書紀』は言う。

吾子籠は、允恭《いんぎょう》天皇の時代にも活躍している。

允恭天皇は皇后の妹の弟姫《おとひめ》（衣通郎姫《そとおしのいらつめ》）が美しいので、迎えいれようと考えた。しかし近江《おうみ》の坂田《さかた》に母とともに暮らしていた弟姫は、皇后の気持ちを憚《はばか》って、参向《さんこう》しなかった。そこで天皇は舎人《とねり》の中臣烏賊津使主《なかとみのいかつのおみ》を遣わして、弟姫を都に招いた。その時、弟姫をまず、倭直吾子籠の家に留めたとある。

椎根津彦の末裔の倭直が、ヤマトの中枢に仕《つか》えていたことは説話から伝わるが、だからといって、政局を左右するほどの力を持っていたわけではなさそうだ。

倭直の活躍が、このあとほとんど消えてしまうのも、気になる。

倭直について、さまざまな考えがある。

瀧川政次郎は、神武東征以前のヤマトで氏族連合（大倭王朝）をまとめていたのが倭直で、その祖神が日本大国魂神だったと指摘した。さらに、大物主神の出雲王朝、神武の日向王朝が存在し、椎根津彦が神武を迎えいれたのは、ヤマトが出雲に奪われた失地を回復するために、神武軍に荷担したと言う（「倭大国魂神と大倭氏の盛衰」『國學院大學紀要』六号

一九六七　國學院大學)。ただし、この発想は、現実の出雲と日向の存在を過大評価しているので、従うことはできない。

金井清一は、吾子籠が大井川の大樹を用いて船を造った話から、倭直を海人として捉えている(『古代史と日本神話』大林太良・吉田敦彦ほか　大和書房)。この推理は正しいと思う。

一般的に倭直は、弥生《やよい》時代から奈良盆地で稲作を始めて成長した氏族と思われているが、森浩一は『万葉集《まんようしゅう》』の歌から、八世紀の人々の意識の中には、豊後《ぶんご》から移住してきた海人だという認識があったと指摘している。その上で、おおやまと周辺が倭直の地盤であり、この地で東海勢力と強くつながっていたことを強調している(『記紀の考古学』朝日新聞社)。また、珍彦《うずひこ》は、豊予《ほうよ》海峡から大阪湾に至る瀬戸内海の海導者《みちびきびと》の象徴的存在と指摘した(『日本神話の考古学』朝日新聞社)。なるほど、鋭い指摘だが、のちに触《ふ》れるように、私見は少し異なる。

前之園亮一は、「磐余《いわれ》」と倭直の関係に注目している。

まず、神武天皇は「神日本磐余彦《かんやまといわれひこ》」で、「磐余」の名がつく。これは地名で、奈良県桜井市西南部、天香具山《あまのかぐやま》の東側を指している。古くから天皇家と縁の深い場所だった。特に、五世紀から六世紀にかけて、皇居（宮）が造られ、神功皇后《じんぐうこうごう》も、ここに宮を置いたと記録されている（磐余若桜宮《わかざくらのみや》）。

そして磐余は、船ともつながっていて、磐余池《いわれのいけ》に両枝船《ふたまたぶね》＝二俣船を浮かべ、天皇が乗って遊んだ。これは鎮魂祭《ちんこんさい》と新嘗祭《にいなめさい》と並行して行われる祭儀だった。その際、倭直が重要な役目を担っていて、たとえば倭直吾子籠が大井川に流れてきた大樹で船を造ったという話も、二俣船に関わっていて、これを鎮魂祭や新嘗祭に服属のしるしとして献上したのではないかと推理したのである（『史話　日本の古代　第三巻　ヤマト王権のあけぼの』上田正昭編　作品社）。これも大切な指摘だ。

❖倭直は「おおやまと」の東海勢力？

楢崎干城は、倭直が『日本書紀』や『古事記』に特異な先祖伝承を載せているが、史的制約的なこともあり、倭直に関する研究は、困難を極めているという。その上で、倭直が海事に関連した氏族であること、倭国造で大和神社の祭祀に関わっていた氏族と紹介している。その上で強調するのは、王権との関わりだ。

まず、この一族の伝承から、存立基盤はヤマトノクニタマの祭祀氏族だったことにあるという。また、神武天皇の眼前に現れた椎根津彦が、鳥的表現（手を翻していた）を行っていたが、神武天皇と応神天皇は「幼童（海童《わたつみ》）」神的側面があって、倭直は王の再生において導く役割を担っていたのではないかと推理した。

「王権継承者が、正統なる新たなヤマトの王としての存在になる際の儀礼的先導者ではなかったろうか」というのだ（『日本書紀研究　第八冊』横田健一編　塙書房）。

この楢崎干城の仮説が、今までの倭直研究のおおよその史学界の結論と言って良いだろう。

だが、椎根津彦が神武天皇を先導した英雄的存在としても、だからといって、その末裔が日本大国魂神を祀り、その日本大国魂神が崇神天皇の時代、宮中で祀られていたことの意味がはっきりするわけではない。

さらに、もっと大きな謎は、崇神天皇がアマテラスと日本大国魂神の神威に震え上がり宮から追い出し、巫女《みこ》に託しているが、日本大国魂神を祀る巫女が衰弱してしまっていることだ。アマテラスよりも日本大国魂神の方が恐ろしかったというのは、なぜだろう。怒る理由が知りたくなるのである。

ちなみに、この時アマテラスを祀った豊鍬入姫命は崇神天皇と木国造《きのくにのみやつこ》（紀伊国造）の娘との間に生まれた娘で、日本大国魂神を祀り衰弱してしまった巫女の渟名城入姫命は、崇神と尾張系の女性（尾張大海媛《おわりのおおしあまひめ》）の間に生まれた娘だった。

この「尾張系」の渟名城入姫命が日本大国魂神に関わっていた事実も、無視できない。尾張氏は二つの勢力に分かれて、どちらも悲劇的な運命を担い、ヤマト建国のあと、没落していった。とすれば、「恨む尾張の祖神」を日本大国魂神と名を称《たた》え、尾張系の人びとが大和《おおやまと》神社に祀っていた可能性は高まるばかりだ。

❖神を祀り、神として祀られるアジスキタカヒコネ

日本（倭）大国魂神と倭直の謎を解く鍵を握っていたのは、天稚彦《あめわかひこ》と天稚彦に生き写しだったアジスキタカヒコネの二人だと思う。

すでに述べたように、天稚彦は神話の中で「私もこの国を統治してみたい」と感想を述べ、その直後に天上界の高皇産霊尊の放った矢で死んだ。しかも、それは新嘗祭（即位儀礼）の床《とこ》の上だった。その後、天上界で天稚彦の葬儀は行なわれたが、その喪屋《もや》は美濃《みの》に落ちたという。天稚彦は、東海地方から北部九州にさし向けられた王であり、邪馬台国《やまたいこく》を滅ぼしたあと、九州の倭国（邪馬台国）で王に立とうとした仲哀天皇ではないかと疑って

おいたのだ。

そしてここで注目しておきたいのは、天稚彦と瓜二つだったアジスキタカヒコネだ。アジスキタカヒコネは本当に天稚彦の「そっくりさん」だったのだろうか。親族が間違えるほど似ていたのであれば、それは同一であり、『日本書紀』はあえて「そっくりさんだった」と位置づけたのではあるまいか。そういう設定を『日本書紀』が用意したのなら、ここに大きな秘密が隠されていたと考えざるを得ない。

これは余談だが、武内宿禰《たけのうちのすくね》にも、そっくりさんが存在する。成務《せいむ》天皇とは誕生日が全く同じだったので、深く寵愛《ちようあい》されたという。成務天皇にはほとんど活躍らしい活躍がないし、「タラシヒコの王家」の中で、唯一九州遠征を敢行していないが、その代わりに、武内宿禰が九州で大活躍をしている。つまり、二人は一体分身だった可能性がある。また武内宿禰にはもう一人そっくりさんがいる。瓜二つの「壱伎直《いきのあたい》の祖の真根子《まねこ》」という人物で、身代わりになって死んだという（のちにふたたび）。

なぜアジスキタカヒコネと天稚彦について、このように疑うのかというと、アジスキタカヒコネはとてつもなく奇妙で、特別な存在だからである。

『古事記』はアジスキタカヒコネの別名をあげていて、「迦毛大御神《かものおおみかみ》」と呼んでいる。『古

“記紀”の祟り神

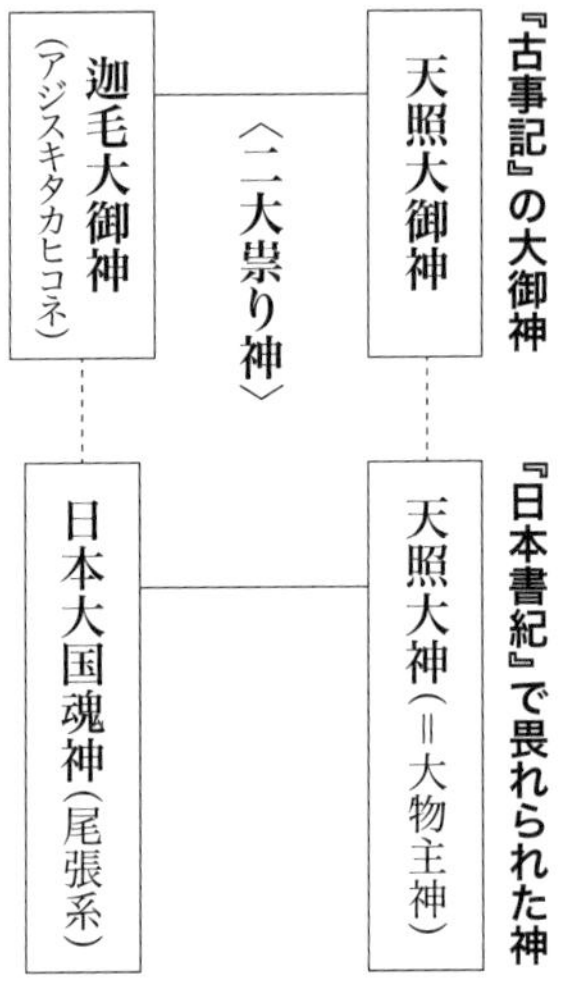

事記』の中で「大御神」の名がつくのは、アジスキタカヒコネの他に、伊邪那《いざな》岐大御神《きのおおみかみ》と天照大御神がいるだけだ。これは、想像以上に重要なのである。

『日本古典文学大系1　古事記　祝詞』（岩波書店）の頭註には、「大御神という最高の敬語が用いられている」とあり、『新編日本古典文学全集　古事記』（小学館）の頭註も、「大御神」は最高の敬称と言い、「この神に付することの意味は未詳」と言っている。まさにその通りで、神話の中のアジスキタカヒコネの活躍は、じつに乏《とぼ》しい。「伊邪那岐大御神」や「天照大御神」と同等ではないにもかかわらず、他の神と差別化している。これはいったい何だ。

こういうことではあるまいか……。考古学はヤマト建国に三つの大きな勢力が携わっていたことを明らかにした。東海勢力（末裔が尾張氏）と瀬戸内海勢力（吉備・物部氏）、そして日本海勢力（タニハ・蘇我《そが》氏）だ。『古事記』はそれぞれの勢力を象徴する神に、「大御神」の尊称を与えたのではなかったか。

東海系のナガスネビコは、真っ先にヤマトに君臨していた「原初のヤマトの王家＝タラシヒコの王家」であり、その東海勢力の発展を促し、北部九州に進出した日本海勢力の貴種の末裔が、神武天皇（応神天皇）や蘇我氏だから、日本海勢力がヤマトの最後の王家になった。その中間に位置するのが、瀬戸内海勢力の崇神・垂仁（ニギハヤヒを始祖とするイリヒコの王家）になる。ニギハヤヒはナガスネビコからヤマトの統治を禅譲《ぜんじょう》され、さらに、ニギハヤヒは南部九州の日向から、神武天皇を呼び寄せ、王権を譲った。この三つの王家の神が、「大御神」ではなかったか。

拙著『アマテラスの正体』（新潮新書、二〇二四年秋刊行予定）の中で詳述するが、アマテラス（天照大御神）は男神で、その正体は大物主神であり、日本海勢力の神だ。迦毛大御神（アジスキタカヒコネ）は、このあと語っていくように、東海勢力系の神であり、伊邪那岐大御神はアマテラスや迦毛大御神よりも「上の地位」「別格」なのだから、ヤマト政権の実権を握った瀬戸内海勢力を象徴している（少なくとも『古事記』編者はそのように設定した）のだろう。

この仮説を頭の片隅に置いておくと、このあとの話が、スムーズに理解できると思う。

そして、ふと気づくのだが、アジスキタカヒコネ（迦毛大御神）は、崇神天皇が最初に宮で祀っていた神の一柱ではなかったか。『日本書紀』は、「天照大神」と「日本大国魂神」の神威が強すぎて恐れられ、宮から放逐したと言っている。この二柱、「天照大御神（大物主神）」と「迦毛大御神（アジスキタカヒコネ）」ではなかったか。

偉大な神ということだけではなしに、祟る神だから「大御神（神の中の神）」なのであり、大物主神も「大いなるモノ（鬼＝神）の中の主」だった。とすれば、アジスキタカヒコネ（迦毛大御神）も、祟る恐ろしい神だから「大御神」で、二柱の祟る「大御神」だからこそ、崇神天皇は必死に祀っていたのではなかったか。けれども、手に負えず、放逐してしまった……。その代わり、大物主神の子と倭直の祖の長尾市を二柱の神のそれぞれにあてがった……。

やはり、アジスキタカヒコネ（迦毛大御神）が怪しい。何者なのだ。

アジスキタカヒコネは、二面性を持った神だ。神を祀る者だが、祀られる側の神でもある。

『出雲国《いずものくに》風土記《ふどき》』仁多郡《にたのこおり》三津郷《みつのさと》条に、次の説話が載る。

「アジスキタカヒコネはヒゲが八握《やつか》に生えるまで、昼夜泣き止まず、言葉を発しなかった。そこで御祖《みおや》（大穴持命《おおなもちのみこと》＝大国主神《おおくにぬしのかみ》）は、御子を船に乗せて八十島《やそしま》を巡り楽しませたが、なお泣き止まなかった」

『出雲国風土記』神門郡高岸郷《かむどのこおりたかぎしのさと》に、似た話がある。

「アジスキタカヒコネは昼夜泣き止まなかった。そこでここに高屋《たかや》を造り、住まわせた。高い梯子《はしご》をかけ、上り下りをさせて養育した」

松前健はヒゲが生えても泣き止まなかったのは、アジスキタカヒコネの「幼童神（童形、子供の神）」としての性格を意味していると指摘し、天稚彦が新嘗祭の神床で殺され、アジスキタカヒコネがそっくりだったのは、両者が同一で、アジスキタカヒコネは死と再生の主人公だったからだと言う（『出雲神話』講談社現代新書）。

アジスキタカヒコネは甦《よみがえ》ってくる「童子」で、「童子」は「鬼」だから、恨みを抱いて復活する恐ろしいイメージを内包している。そして、高い建物に住まわされた。これは、巨大な出雲大社のイメージだ。

アジスキタカヒコネは、神話の中でこれといった活躍もないし、恨みを抱いていたわけではない。しかし、高い建物の上に住まわされ、祀られた。これはいったい何だ。アジスキタカヒコネと同一とされる天稚彦の「稚」も「若」で、童子で鬼だ。

❖迦毛大御神の謎を解く鍵は「葛城」

「迦毛大御神」（アジスキタカヒコネ）は、「葛城」と結ばれている。葛城を通じて、尾張系ともつながる。

アジスキタカヒコネを祀る葛城の高鴨《たかかも》神社（奈良県御所《ごせ》市鴨神《かもがみ》。『延喜式《えんぎしき》』神名帳では高鴨《たかかも》阿治須岐託彦根命《あじすきたかひこねのみこと》神社）は賀茂《かも》氏が祀ってきた。

『続日本紀《しょくにほんぎ》』天平宝字《てんぴょうほうじ》八年（七六四）十一月条に、次の記事が載る。

高鴨神《たかがものかみ》を大和国《やまとのくに》葛上郡《かづらきのかみのこおり》に祀った。賀茂朝臣《あそん》田守《たもり》らが次のように申し上げた。

「昔雄略天皇が葛城山で狩りをした時、老人に出逢い、獲物を競って獲った。天皇は怒り、土佐国《とさのくに》に流してしまった。先祖の神が老夫となって化現《けげん》し、放逐されてしまいました」

そこで賀茂朝臣田守を遣わして、土佐から大和に迎えたと言う。

『日本書紀』や『古事記』には、葛城の一言《ひとこと》主神《ぬしのかみ》の説話として描かれていて、ここでは混同されているとする考えもある。ただ、『土佐国風土記』逸文には、土佐の高賀茂の大社（土佐神社）の神を一言主尊と記録し、しかも、一説に「味鉏高彦根尊《あじすきたかひこねのみこと》」と言っている。『大和志料《やまとしりよう》』にも、一言主神はアジスキタカヒコネの分霊とある。アジスキタカヒコネが葛城を代表する神であることは、間違いないし、五世紀、雄略天皇に排除され、八世紀後半に復権した可能性が高い。

ならばなぜ、アジスキタカヒコネと大和の葛城がつながっていたのだろう。

意外に思われるかもしれないが、葛城地方の大社の数は大和盆地の中でも突出している。その中には、アジスキタカヒコネと関わりの深い神社が散見できるが、尾張系の神社も多い。

たとえば、葛木坐火雷神社《かつらきにますほのいかづち》（奈良県葛城市笛吹《ふえふき》）は、笛吹連《ふえふきのむらじ》が奉斎《ほうさい》してきた神社で、祭神は火雷大神《ほのいかづちのおおかみ》と天香山命《あまのかぐやまのみこと》だ。『新撰姓氏録《しんせんしようじろく》』に、笛吹連の祖は火明命《ほあかりのみこと》と記す。火明命の子の天香山命の末裔に、笛吹連同族の吹田連《すいたのむらじ》がいる。つまり、この神社は尾張系の一族に守られてきた。

尾張氏は第五代孝昭《こうしょう》天皇、第六代孝安《こうあん》天皇、第八代孝元《こうげん》天皇、第十代崇神天皇、第十二代景行天皇、第十五代応神天皇、第二十六代継体天皇の御代、王家と婚姻関係を結んで

いたが、葛城地方や葛城の名を負う者たちともつながっていた。

ところで、葛城のアジスキタカヒコネは、本来出雲の神なのだが、この「出雲」が曲者で、「神話の出雲」は弥生時代後期からヤマト建国に至る日本列島全体と考える必要がある。『日本書紀』編者は、東海地方を含めた日本各地のヤマト建国に参画した地域を、ことごとく無視することによって、ヤマト建国の真相をわからなくしてしまっているからだ。

そこで改めて解き明かさねばならないのは、「葛城の出雲神アジスキタカヒコネ（迦毛大御神）」の素姓である。

アジスキタカヒコネは天稚彦と瓜二つで、天稚彦は天上界からやってきて出雲の王に立とうとしたが、殺された。そして、恨みを抱いたにちがいない。また、アジスキタカヒコネが天稚彦そのものとすれば、アジスキタカヒコネも祟る恐ろしい神であり、だからこそ、「大御神」の尊称を得たと思われる。

そして改めて問題にすべきは、天稚彦（アジスキタカヒコネ）は旧出雲国の地域の王になろうとしたのか、あるいは、別の場所で王に立とうとしたのか、である。

日本大国魂神は何者かと言えば、「ヤマトの土地の神」ではあるが、ヤマト建国の直前にヤマトにやってきた神だった可能性が高い。なぜなら、日本大国魂神を祀る倭直の祖の椎根津彦は尾張系だと籠神社《このじんじゃ》は伝え、事実倭直は東海地方と多くの接点を持っていた。日本大国魂神が祀られる地域は、三世紀初頭に東海地方の人びとが集住し、前方後方墳《ぜんぽうこうほうふん》の密集地帯が生まれた「おおやまと」だった。

とすれば、恐ろしい神威（祟る意志）を示した「東海系おおやまとの日本大国魂神」は、アジスキタカヒコネや天稚彦と同一ではないかと思い至る。そして、その正体は、「魏志《ぎし》倭人伝《わじんでん》」に登場した「卑弥呼《ひみこ》亡きあと王位を嗣《つ》ごうとして排斥された悲劇の男王」であり、なおかつ東海系タラシヒコの王家の最後の王・仲哀天皇ではなかったか。

ならば、この仮説をどのようにして証明していくことができるだろう。

鍵は、倭直の祖の椎根津彦が神武天皇を助けたことにあると思う。ヤマトの黎明期、ヤマト政権の東海勢力の中心に立っていたのはナガスネビコで、この人物は神武のヤマト入りを拒んだことで殺されている。椎根津彦がもし籠神社の言うように尾張系なら、東海出身の尾張系は二つに分裂していたことになる。尾張の分裂は謎のままにしておいたが、この仲間割れの裏側に、ヤマト建国直後の主導権争いの真実が隠されているように思えてならない。そして、アジスキタカヒコネと天稚彦の悲劇の理由も、ここにあるはずだ。

❖仲哀天皇と応神天皇それぞれの五世の孫が求められた

そこで話は、ふたたび『日本書紀』の仲哀天皇と神功皇后の説話に戻る。

さて、『日本書紀』は、仲哀天皇が橿日宮《かしひのみや》で「神」のいいつけを守らずに変死したと言い、『住吉大社神代記《すみよしたいしゃじんだいき》』は仲哀天皇が亡くなった晩、住吉大神《すみよしのおおかみ》と神功皇后は夫婦の秘め事をしたと記録していた。住吉大社は仲哀天皇を祀らず、社殿は住吉三神《すみよしさんじん》と神功皇后を祀るのみだった。このことから、仲哀天皇を殺したのは住吉大神であり、住吉大神の正体は武内宿禰ではないかと疑ってきたのだ。

ところが、ここに来て、新たな仮説を用意しなければならなくなった。「魏志倭人伝」は、卑弥呼亡きあと男王が立つも、潰《つぶ》されてしまったと記録していた。筆者は、この男王こそ、仲哀天皇ではないかと考えるようになった。さらには、天稚彦の悲劇とよく似ていることに気づいた。つまり、男王たる仲哀天皇は、ヤマトに残っていたニギハヤヒとナガスネビコのふたりに裏切られて殺されたのではないかと思うようになってきたのだ。

『日本書紀』は、仲哀天皇が死んでから、神功皇后は山門県《やまとのあがた》の女首長を殺しに行ったと記録するが、実際には仲哀天皇と神功皇后の夫婦が朝倉付近に陣を布《し》き、南下して、邪馬台国の卑弥呼を討ち取り、そのあと、仲哀天皇が北部九州（倭国）の王に立とうとしたのではなかったか。

つまり、仲哀天皇を殺したのは武内宿禰ではなかった可能性も出てきたのだ。よくよく考えてみれば、武内宿禰が仲哀天皇を殺《あや》めた大悪人だとすれば、『日本書紀』は鬼の首をとったかのように名指しで非難していただろう。ところが、『日本書紀』は仲哀天皇を殺した神が誰だか、明言を避けていた。もっとも怪しいのが住吉大神と言いたげであり、「真犯人は住吉大神」だったことを匂わせていた。これは、『日本書紀』の巧妙なテクニックだ。だれもが、武内宿禰を疑うように仕向けたのだろう。われわれは、まんまとだまされていたのである。

そして、神功皇后（トヨ）は夫・仲哀天皇亡きあと、王位に就き、武内宿禰（住吉大神）の子を身籠《みご》もったということになる。くどいようだが、ヤマトの王家の祖は、武内宿禰（住吉大神・塩土老翁《しおつつのおじ》）だった。もちろん『日本書紀』は、この事実を必死に消し去ろうとして、ありとあらゆる手段を講じていたのだ。

ならば、この仮説を裏付ける証拠はあるのだろうか。

意外なヒントがある。

話は飛ぶ。五世紀末から六世紀初頭の『日本書紀』の記述だ。このなかで、『日本書紀』が自ら、歴史の真相を暴露している（『日本書紀』編者のミスでしかない）。それが、男大迹王（継体天皇）の即位直前の、『日本書紀』の記事である。

『日本書紀』は、ヤマト黎明期の歴史をバラバラにして、天皇家の真の出自をごまかすことに成功したのに、つまらないところで尻尾を出してしまった。完全犯罪はできないものだ。尾張氏を巡る謎も、一気に氷解する記事である。どういうことか、説明していこう。継体天皇出現の直前の歴史から、振り返っておこう。

四世紀末から五世紀にかけて、朝鮮半島では高句麗《こうくり》が南下政策をとり、朝鮮半島南部の国々（百済《くだら》、新羅、伽耶《かや》諸国）は、時に手を結び、時に反目しつつも、なんとか生き残っていた。また、背後の憂いのないヤマト政権に、援軍要請を行い、その見返りに、多くの先進の文物を日本列島にもたらしていた。ヤマト政権は、瀬戸内海勢力（吉備系）を中心にして、栄えていく。

ところが、ヤマト政権が遣わした遠征軍は豪族たちの寄せ集めで、統一された指揮系統は確立されていなかった。また、外交政策も、地域ごとの利害がからみ、国家としての意志は示せずにいた。生き馬の目を抜く国々がひしめき、緊迫した情勢の中で生き残りを賭けた争いを日々送っていた朝鮮半島南部の国々にとって、ヤマト政権の曖昧《あいまい》でちぐはぐな外交戦略は、迷惑至極だっただろう。

そんな中、五世紀後半に雄略天皇が出現し、強い王を目指し、中央集権化を模索した気配があるし、通説も「そのとおり」と、認めている。

雄略天皇は、周囲の有力皇族に加え、当時もっとも力をもっていた葛城の円大臣《つぶらのおおおみ》（葛城氏）を滅亡に追い込んでいる。

『日本書紀』や『古事記』には、葛城の一言主神が雄略天皇と出会い、覇を競った様子が描かれ、『続日本紀』は、「それは高鴨神」と言い、雄略天皇は怒り、高鴨神を土佐国に流したと記している（既述）。雄略天皇は、クーデターで王位に就き、その勢いで、政敵の皇族を推していた円大臣を潰しにかかったわけだ。こうして雄略天皇は、強い王を目指した。

ところが、中央集権化を急ぐあまり、軋轢《あつれき》が生まれ、ヤマト政権は混乱していった。そんな中、『日本書紀』には武烈《ぶれつ》天皇という暴君が現れ（現実味のないハレンチな既述が多く、記事には誇張が含まれていると思われるが）、王統は途切れたために、ヤマト政権は地方から王位継承者を探すハメに陥ったとある。

最初に白羽の矢が立ったのは、仲哀天皇（足仲彦天皇《たらしなかつひこのすめらみこと》）五世の孫・倭彦王《やまとひこのおおきみ》で、丹《たに》波国《わのくに》の桑田郡《くわたのこおり》（丹波国の東部。京都府京都市左京区付近と亀岡市）に住んでいた。軍備を整え、乗輿《じょうよ》を護衛し、お迎えして王に立てようと、大伴金村大連《おおとものかねむらのおおむらじ》から進言があった。みな賛同し、実行したが、倭彦王は迎えの軍勢を遠くから見やって、恐れ、顔色を失い、山谷に逃亡して行方不明になってしまった。殺されると思ったのだろうか。

そこで大伴金村大連は、「男大迹王は慈悲深く、孝行の念が厚く、天位を継承すべき方だ」と述べ、みなも、「賢者は男大迹王ただひとりだ」と、合意した。

こうして、男大迹王が越から迎えいれられ、即位した。これが継体天皇で、『日本書紀』は「誉田天皇《ほむたのすめらのみこと》（応神天皇）の五世の孫」だと記録している。

継体天皇出現の裏には、瀬戸内海勢力の衰頽《すいたい》と日本海勢力の勃興《ぼっこう》が隠されていた。この時代、朝鮮半島の南部の伽耶諸国のひとつ大伽耶は、内陸部から南下政策をとり、南部の海岸線の一部を手に入れ、海の道を確保するようになった。そして、どういう理由からか、日本列島の日本海勢力と盛んに交流を始め、衰頽していた日本海勢力は、急速に発展していったのだ。だから、瀬戸内海勢力の政権は混乱し疲弊する中、日本海勢力との大同団結を模索したのだろう。

一方継体天皇は越の地で、尾張氏の目子媛《めと》を娶り、勾大兄皇子《まがりのおおえのみこ》・檜隈高田皇子《ひのくまのたかたのみこ》が生まれていた。ふたりはのちに即位して、安閑《あんかん》・宣化《せんか》天皇となる。継体天皇を後押ししていたのは、日本海勢力と尾張氏を中心とした東海勢力である。

❖倭彦王が仲哀天皇の五世の孫だった意味

この継体天皇の出現は、王朝交替ではないかと騒がれたものだ。「五世の孫」が王位継承の権利を持っていたのは、『日本書紀』編纂直前に「四世だったのが五世に変更になった」からで、辻褄《つじつま》合わせの感は否めない。あまりにも王家としての縁が遠い。

もちろん、王朝はかろうじてつながったとする説もあって、決定的ではないのだが、それよりも、これまで見落とされてきた視点がある。それは、倭彦王が、仲哀天皇五世の孫だったことだ。

『日本書紀』によれば、仲哀天皇と神功皇后の間に応神が生まれ、その応神の五世の孫が継体天皇になる。かたや倭彦王は、応神天皇の末裔ではない。応神天皇の末裔なら、「仲哀天皇の五世の孫」とは書かない。「応神天皇の四世の孫」となる。

そこで『日本書紀』に登場する仲哀天皇の后妃《こうひ》と皇子たちの名を挙げてみよう。『日本書紀』仲哀天皇二年春正月条に、次のようにある。

気長足姫尊《おきながたらしひめのみこと》（神功皇后）を立てて皇后とした。これより先に、叔父の彦人大兄《ひこひとのおおえ》の娘の大中姫《おおなかつひめ》を娶って妃とし、麛坂皇子《かごさかのみこ》と忍熊皇子《おしくまのみこ》を生んだ。次に、来熊田造《くくまたのみやつこ》の祖・大酒主《おおさかぬし》の娘・弟媛《おとひめ》を娶って誉屋別皇子《ほむやわけのみこ》を生んだ。

不思議のひとつは、この場面で神功皇后が生んだ応神天皇について、触れていないことだ。その代わり、仲哀天皇の巻第八の最後の方で、神が神功皇后に託宣《たくせん》を下している。仲哀天皇八年九月五日のことだ。

「王（仲哀天皇）は私の言うことを信じなかった。だから、お前はあの国（新羅）を得ることはできない。ただいま、皇后は初めて身籠もった。その子（応神）が、得ることになるだろう」

結局、仲哀天皇は神のいいつけを守らずに熊襲《くまそ》征討を強行し、翌年の二月五日に、変死する。『日本書紀』の別伝には、神のいいつけを守らなかったから死んだとあり、また別伝には、戦闘中に熊襲の放った矢にあたって死んだと記録する。この「矢にあたって死んだ」という記事も、無視できないのだが……。
このあと神功皇后は山門県の女性首長を殺し、髪を男のように結って新羅征討を敢行した。それを成功させ、筑紫《つくし》に凱旋《がいせん》して、ここで応神を生む。『日本書紀』（神功皇后摂政前《せっしょうぜん》紀《き》）仲哀天皇九年十二月十四日条に、誉田天皇（応神天皇）が生まれたとある。

『日本書紀』による仲哀天皇系図

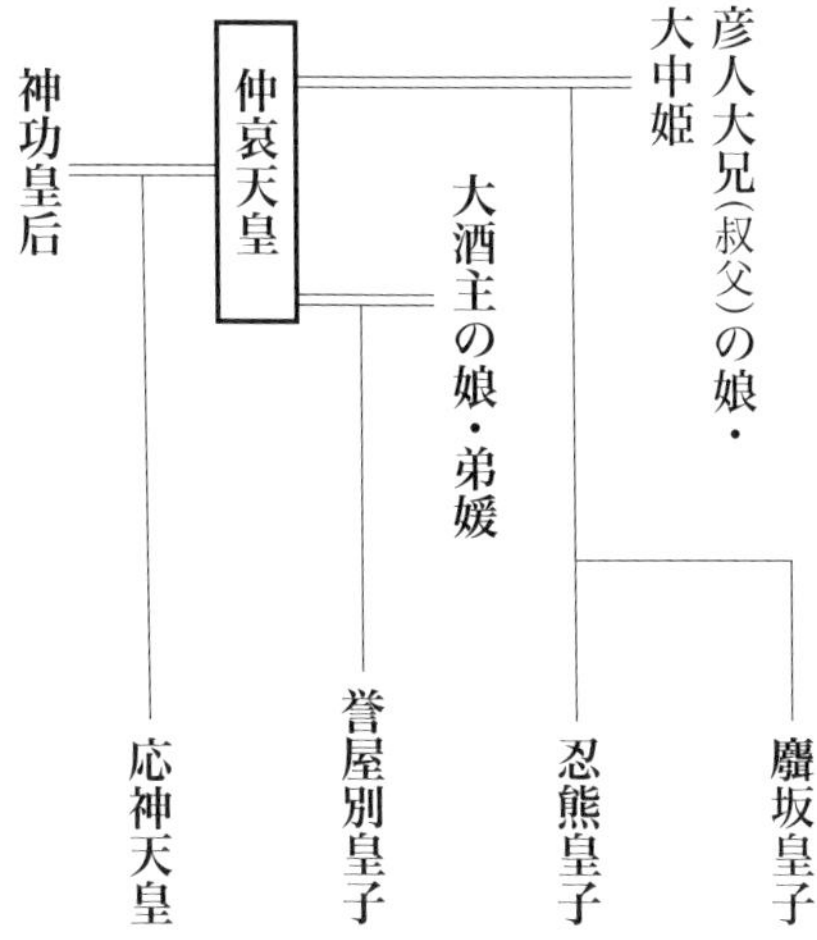

この『日本書紀』の仲哀天皇の系譜に従えば、仲哀天皇には四人の男子がいたが、神功皇后との間に生まれたのは、応神だけで、倭彦王の御先祖様はだれかというと、応神とは異母兄弟の誉屋別皇子ということになる。麛坂皇子と忍熊皇子は、このあと謀反を起こし、滅亡しているからだ。『釈日本紀』も、倭彦王の祖は誉屋別皇子と推理している。『日本書紀』の系譜を見れば、そう考えざるを得ない。

❖なぜ明治天皇は尾張系津守氏が祀る住吉大社に親拝したのか

一方『古事記』には、『日本書紀』とは異なる系譜が載る。

仲哀天皇は大江王《おおえのみこ》の娘の大中津比売命《おおなかつひめのみこと》を娶り、香坂王《かぐさかのみこ》と忍熊王《おしくまのみこ》が生まれた。また、息長帯比売命を娶って生まれた子は、品夜和気命《ほむやわけのみこと》と大鞆和気命《おおともわけのみこと》で、大鞆和気命の別名は、品陀和気命《ほむだわけのみこと》だとある。太子（応神）に大鞆和気命の名がついたのは、生まれた時、鞆（弓の弦《つる》があたるのを防ぐ武具）のような肉が、太子の腕にできていたからで、これをもって、母の胎内にいて、国を平定したことがわかった。

ここでは、神功皇后がふたりの男子を生んでいたとある。応神には、同母兄がいたと言っている。なぜ、『日本書紀』とは異なる系譜が残ったのだろう。いや、そうではなく、『日本書紀』と『古事記』、どちらかが嘘をついているのか。あるいは、両方とも嘘をついている可能性も疑っておきたい。

そこで注目したいのは、住吉大社の伝承『住吉大社神代記』である。そこには、仲哀天皇が亡くなった晩、神功皇后と住吉大神は、「夫婦の秘め事をした」と書かれている。そして住吉大社では、四つの本殿の内三つは住吉三神（底筒男命《そこつつのおのみこと》・中《なか》筒男命・表《うわ》筒男命）を祀り、残りの本殿に神功皇后を祀っている。仲哀天皇の姿はない。

『古事記』による仲哀天皇系図

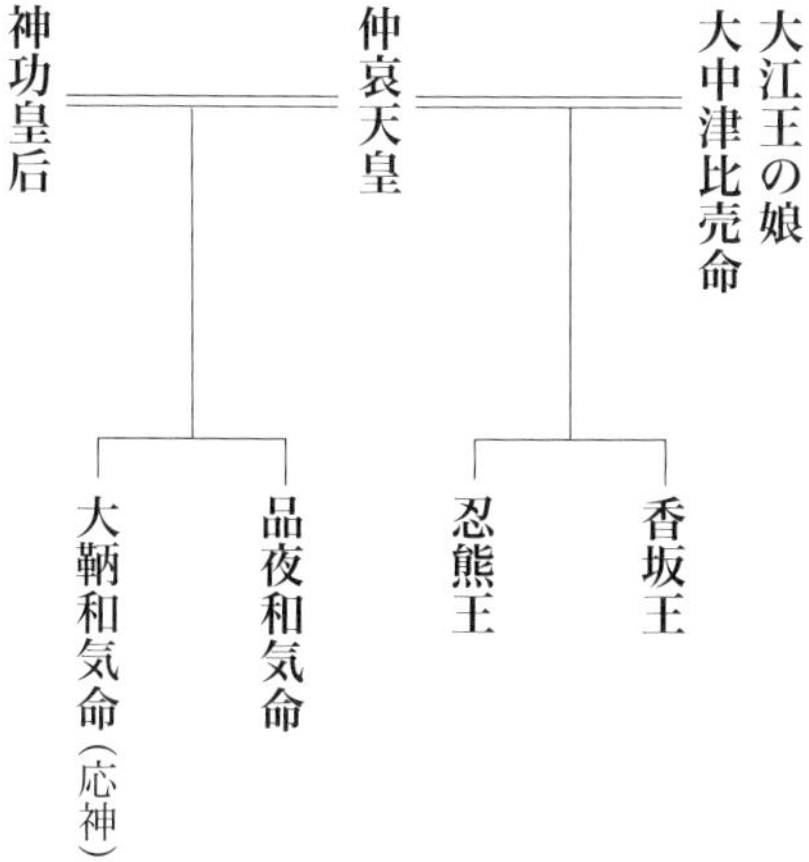

天皇家にとって、住吉大社の祭祀は、不敬であり、なぜ、今まで放置されてきたのだろう。応神天皇は、仲哀天皇の子ではなく、住吉大神の子で、天皇家自身も、それを承知していたのではなかったか。

明治元年（一八六八）四月二十日、明治天皇は東京に移る前、住吉大社を参拝している。祠官《しかん》津守国美《つもりくにみ》を先導役に命じ、行在所《あんざいしょ》に津守を招き、白銀二十枚を賜った。津守国美は明治四年に華族に列せられる。その理由について『明治天皇紀』（宮内庁　吉川弘文館）は、「国美は火明命十六世孫手搓足尼《たもみのすくね》の七十五代の孫に当《あた》れる旧家」ゆえ、と言っている。

どうにも不可解だ。

私見は仲哀天皇をタラシヒコの王家の最後の王と考えた。そのタラシヒコの王家は東海（尾張）系であり、もし仲哀天皇が住吉大神のいいつけを守らなかったために急死し、それが、「神の意志」とすれば、なぜ火明命の末裔（つまり、尾張系）の津守氏が、住吉大神を祀り続けてきたのか。そしてなぜ、住吉大社で、仲哀天皇を祀ってこなかったのか疑問だらけだ。そしてなぜ、事情を知っているであろう明治天皇が、関西圏の中で住吉大社を大切に思い、親幸し、祠官津守に、褒美を授けたのだろう。複雑な要因と謎がからみ合っていて、頭がこんがらがってきそうだ。

❖スサノヲこそ日本の太陽神？

住吉大神の別名は塩土老翁で、この名の「老翁」は（当たり前のことだが）「老人」を意味している。また塩土老翁には、天皇家や祖を「導く」という属性がある。

海幸《うみさち》・山幸《やまさち》神話では、兄（海幸彦《うみさちひこ》、火闌降命《ほのすそりのみこと》）の鈎針《かぎばり》をなくして困り果てていた山幸彦《やまさちひこ》

（彦火火出見尊《ひこほほでみのみこと》。天皇家の祖）を無目籠《まなしかたま》（水が浸みてこないように固く編んだ籠）に乗せ、海神《わたつみ》の宮に誘っている。神武天皇が日向《ひむか》にいた時、「東の方角に都にふさわしい土地がある」と教えて東征を促したのも、塩土老翁だった。

塩土老翁にそっくりなのは武内宿禰で、この人物はすでに触れたように、景行天皇の時代に生まれて、三百歳近い長寿を保ち、仲哀天皇や応神天皇をよく補佐した忠臣だ。ありえない長寿だが、第十二代景行天皇は本来なら崇神天皇と同世代なのに、二代世代をずらされ、さらに景行天皇から始まるタラシヒコの王家が意図的に何代にもわたって登場し、時間の引き延ばしを行なってしまったがために、ヤマト黎明期のほぼ同時代を生きた「武内宿禰の年齢も長くなってしまった」のではなかったか。

『古事記』は建内宿禰《たけのうちのすくね》（武内宿禰）を蘇我氏の祖と言っているが、『日本書紀』はこの系譜を抹殺している。蘇我氏の祖がだれなのか、わからなくしてしまったのだ。

なぜ『日本書紀』は、蘇我氏の祖の名を掲げなかったのだろう。かつて、蘇我氏は渡来系ではないかと疑われたが、『日本書紀』編纂の中心にいた藤原不比等《ふひと》は、蘇我氏が渡来系なら、その事実を当然記録しただろう。蘇我氏の素姓を隠したのは、彼らが（想像以上に）正統な氏族だったからだろう。そう考えると、塩土老翁と武内宿禰の属性が瓜二つなのは、気になる。仲哀天皇が亡くなった晩、夫婦の秘め事をした住吉大神（塩土老翁）は、武内宿禰ではなかったか。

くどいようだが、武内宿禰（蘇我氏の祖）と住吉大神（塩土老翁）は、属性がそっくりだ。また、蘇我氏とスサノヲが「スガ」でつながっていたことは、すでに述べておいた。さらに、武内宿禰がスサノヲとも多くの接点を持っていたことは、拙著『スサノヲの正体』（新潮新書）の中で述べたとおりだ。武内宿禰は住吉大神であると同時に、スサノヲだったはずだ。

神話の中でスサノヲは出雲の外からやってきて出雲の発展に寄与していたが、この動きは、弥生時代後期の山陰地方の考古学とぴったりと重なっている。出雲（実在の島根県東部の出雲勢力）はタニハを包囲したつもりでいたのに、反撃され、タニハは鳥取県に進出し、出雲側に圧力をかけていたことがわかってきた。スサノヲはタニハの王で、出雲を圧倒した上で手を組み、東海地方の発展を促し、ヤマト建国のきっかけを作った偉人だろう。そして『日本書紀』は、武内宿禰の名で、歴史に登場させたわけだ。

ところで、スサノヲはある時期まで、日本を代表する「日神」と考えられていたとする説がある。脱線するが、すこし説明しておく。

泉谷康夫は、スサノヲとアマテラスの誓約《うけい》の原型は、ヒルコとヒルメの聖婚と推理している（『日本書紀研究　第一冊』三品彰英編　塙書房）。『日本書紀』の誓約神話の一書（別伝）に、アマテラスを、大日孁貴《おおひるめのむち》や天照大神《あまてらすおおみかみ》ではなく「日神」と呼ぶ場面があって、これこそ古い神話で、スサノヲの持ち物から生まれた男子が天皇家の祖になっている。このため、アマテラス誕生以前の天皇家の祖は、スサノヲと考えられていたのではないかと指摘している。そしてアマテラスははじめ大日孁貴を名乗っていて、これはヒルメだから、スサノヲはヒルコで太陽神的と推理した。これも、理にかなっている。

その一方で『日本書紀』は、天上界を追放されたスサノヲが、雨降る中、簑笠を着て雨宿りを神々にお願いしたが、「穢《けが》れている」と追いはらわれたと記録している。簑笠を着て身を隠す者は鬼とみなされていたから、『日本書紀』は神話の中でスサノヲを鬼扱いし、神々に「穢らわしい」と、蔑視させていたことがわかる。

天皇家の祖神はスサノヲだったが、藤原氏最大の政敵・蘇我氏の祖だったために、『日本書紀』はスサノヲを悪役に仕立て上げたのだろう。

❖十月十日で生まれたという応神天皇

住吉大神の正体が明らかになったところで、応神の父親は、いったい誰だったのかを明らかにしていきたい。

応神天皇は、仲哀天皇が亡くなった晩から十月十日後にこの世に生を享《う》けている。誕生日そのものを記録された天皇は他に例がなく、この記事が「特別扱い」だったことがわかる。これは、『日本書紀』のアリバイ証明なのだろうか。応神天皇が仲哀天皇の子供だったことが、強調されているのだろうか。

このあたりの『日本書紀』や『古事記』の記事には、混乱が見られる。

神功皇后は新羅征討の船の上で子供が生まれそうになり、腰に石を挟んで出産を遅らせたというから、仲哀天皇が亡くなる晩ではなく、それよりも前に、神功皇后は応神を身籠もっていることになる。『日本書紀』は念を押すように、仲哀天皇が神託を受けた時、神は「今初めて皇后は子を身籠もった」と言っている。つまり、まだ仲哀天皇が生きているうちに神功皇后は（仲哀天皇の子を）宿し、だからこそ、船の上で石のおまじないをして産み月を遅らせたのだと言っている。

その一方で、仲哀天皇の死んだ夜から十月十日後に応神が生まれたことから、応神は住吉大神の子に違いないとする説も登場している。

応神天皇の誕生日をもう一度整理してみよう。

応神天皇は仲哀天皇九年十二月十四日に生まれたと、『日本書紀』は記録する。父親の仲哀天皇は、同年春二月五日に体調を崩し、翌日亡くなった。もし仮に、仲哀天皇と神功皇后が、二月五日の夜に、夫婦の営みをしていれば、この日を入れてまさに十月十日後が、応神の生まれた十二月十四日になる。

しかも神功皇后は「産み月を遅らせた」と『日本書紀』は言っている。これは、「応神は十月十日以上たって生まれた」のだから、仲哀天皇の子だったことの、アリバイ証明にほかならない。『日本書紀』は堂々と、応神は仲哀天皇の子と宣言していることになる。

しかし、たいがいの場合、嘘をつく者は、聞いてもいない「余計な話」をするものだ。

推理作家の高木彬光は、この数字の符合を作為的と述べ、仲哀天皇以外の人物で応神天皇の父の可能性があるのは、いつも皇后の側についていた武内宿禰と推理した（『古代天皇の秘密』角川文庫）。

安本美典は応神天皇について「日本の古代史上に屹立《きつりつ》するスフィンクスである。謎の人物」と評価し、「その謎は、応神天皇陵古墳ほどにも大きい」（『応神天皇の秘密』廣済堂出版）と述べ、出自の謎を追っている。

応神天皇の誕生日は、「人間は十月十日で生まれる」という知識にもとづいて作られた記事だが、統計的に言えば、胎児は十月十日よりも早く生まれ落ちる（二百八十日±十七日）のだから、応神天皇は仲哀天皇の子ではないと推理した。

応神天皇は住吉大神（塩土老翁・武内宿禰）の子であろう。

ならば、仲哀天皇を殺したのは、武内宿禰なのだろうか。

❖『日本書紀』が隠した「魏志倭人伝」の記事

ここで注目したいのは、神功皇后摂政紀（『日本書紀』）に引用される「魏志倭人伝」のことだ。

神功皇后摂政三十九年是年条に、明帝景初《めいていけいしょ》三年（二三九）に、倭の女王が使者を送って朝貢したとある。また、神功皇后摂政四十年は正始《せいし》元年（二四〇）で、魏の使者が日本に向かったこと、同四十三年は、正始四年（二四三）に倭王が再び使者を派遣した記事が紹介されている。

また、神功皇后摂政六十六年には、晋《しん》の武帝《ぶてい》の泰初《たいしょ》二年（二六六）のこととして、晋の「起居注《ききょちゅう》」（天子の言動を記録した日記）の記事を引用している。この年の十月に、倭の女王が通訳を重ねて貢献してきたとある（これは、「魏志倭人伝」の記事ではない。念のため）。

まず、これらの記事から、『日本書紀』編者が「魏志倭人伝」の記事を熟知していたことがわかる。

「魏志倭人伝」の記事から、卑弥呼の死が二四七年から二四八年の間のこととわかるが、これは『日本書紀』の神功皇后摂政四十三年から四、五年後のことだ。だから、『日本書紀』は「邪馬台国の卑弥呼か壱与のどちらかが神功皇后だったのかもしれない」と言っていることになる。

また、男王が立って混乱したのは、神功皇后摂政紀の四十七年よりあとのことだろう。一連の記事に関して、通説は『日本書紀』が干支二巡（六十×二＝百二十年）ごまかしていると指摘し、「魏志倭人伝」の邪馬台国記事をあえて四世紀に移し、神功皇后という女傑をあたかも卑弥呼であるかのように記録したと結論づける。

ここで問題にしたのは、次の一点だ。すなわち、『日本書紀』編者はヤマト建国の歴史も知っていて、歴史家の良心に則《のっと》って『日本書紀』を編纂したとするならば、「魏志倭人伝」の「卑弥呼亡きあと男王が立つも……」、の部分を、書き残すべきだった。しかし、『日本書紀』編者は、神功皇后は邪馬台国の時代の卑弥呼か壱与（台与）と記録するだけだった。ここが、じつに怪しい。『日本書紀』編者は、意図的に邪馬台国の時代の男王の記録を消してしまったのだ。

『日本書紀』は、仲哀天皇が熊襲征討を強行したから神の怒りに触れ変死し、そのあと神功皇后は山門県の女首長を成敗しに行ったと言っている。これが、ヤマト（大和）の台与による山門（邪馬台国）の卑弥呼殺しだったと推理しておいたが、この時まだ、仲哀天皇は生きていたのではあるまいか。

「魏志倭人伝」が言う「卑弥呼亡きあと王位に就こうとした男」は、仲哀天皇ではなかったか。その事実を『日本書紀』編者は知っていたが、彼らにとって「非常に都合の悪い史実」だったから、『日本書紀』の記事の中で、「仲哀天皇はすでに亡くなっていた」ことにして、「死を秘匿《ひとく》した」と、それらしく装い、「魏志倭人伝」の肝心な場面を引用しなかったのではなかったか。

神話の中で「天稚彦は死んでいなかった」と、親族は叫んだというが、要は、天稚彦は「その死を秘匿され」、アジスキタカヒコネとなって、活躍を再開したのだろう。もちろんこれは、仲哀天皇である。

❖武内宿禰とそっくりな真根子の自死

『日本書紀』応神九年夏四月条に、奇妙なことが書かれている。仲哀天皇と神功皇后の九州遠征から六十年以上後の話になる。ところが、「同じ事件ではないのか」と思える内容となっている。

応神天皇は武内宿禰を筑紫（北部九州）に遣わして民を監察させた。その時、武内宿禰の弟の甘美内宿禰《うましうちのすくね》は、兄を除こうとして、天皇に讒言《ざんげん》（ウソの密告）をした。

「武内宿禰には常に天下を望む野心があります。今、筑紫を独立させ、三韓《さんかん》（朝鮮半島南部の国々）を招いて己に従わせ、天下を掌握しようと言っています」

応神天皇は使者を遣わし、武内宿禰を殺そうとした。ところが、武内宿禰を救う者が現れた。現地の壱伎直の祖の真根子という人物が、武内宿禰の姿形とよく似ていたのだ。武内宿禰が罪なくして消されてしまうことを惜しみ、武内宿禰の身代わりになるべく、自ら命を絶った。

武内宿禰は嘆き、密《ひそ》かに筑紫から南海の海路を通り、紀水門《きのみなと》に至り、無実を訴えた。結局、盟神探湯《くかたち》（古代の裁判。神判）によって、武内宿禰は勝利した……。

この話、無視できない。似ている話がいくつもある。①ヤマト建国の考古学（「ヤマト勢力＝東海を含む」と山陰勢力が北部九州に流入し、のちに没落していたこと）、②神話の「生き写しだった天稚彦とアジスキタカヒコネ」の話、③「魏志倭人伝」の男王の悲劇、④神武と応神の東征の折の紀伊《きい》半島への迂回であり、この話の重なりは、偶然とは思えない。この説話をヒントに仲哀天皇と神功皇后と武内宿禰が、九州でどのような事件に巻き込まれたのか、明らかにできるのではあるまいか。

武内宿禰が筑紫に遣わされ、民の様子を調べたとあるが、これは、仲哀天皇たちの北部九州遠征であり、考古学の示すヤマト建国の時代の情勢に通じている。神話の天稚彦は、「この国を治めてみたい」と言い、天上界から投げられた矢で殺された。これは、「武内宿禰が九州で独立し、朝鮮半島と手を組み、天下を取ろうとしている」という話と、通じている。しかも、天稚彦にそっくりなアジスキタカヒコネが登場するが、武内宿禰は、よく似た真根子の死で救われた。そして、ヤマトに向かう武内宿禰は、紀伊半島に迂回している。これは、神武東征と応神東征とそっくりだ。

甘美内宿禰の母親が尾張系という点も、無視できない。九州に遣わされた者が、ヤマトに居残った尾張系の身内に裏切られている。

ここで、ひとつの仮説を用意しよう。

ヤマト政権から遣わされた仲哀天皇と神功皇后と武内宿禰は、山門県の女首長（邪馬台国のヒミコ）を殺したものの、親魏倭王《しんぎわおう》を殺したことを魏に知られるわけにはいかず、卑弥呼の親族を名乗り、倭国（九州を中心にした勢力）の王に立とうとしたのではなかったか。しかし、ヤマト政権のニギハヤヒとナガスネビコがそれを許さず、千余人が死ぬような動乱に発展し、仲哀天皇は、ヤマトの遣わした軍団に殺されたか、あるいは責任をとって自死したのではなかったか。

ただし、このアクシデントも魏に報告するわけにもいかず、やむなく壱与（台与＝神功皇后）を女王に立てて、ヤマトと北部九州は妥協したのではなかったか。

❖ヤマトの王に立つ条件と尾張氏の正体

いよいよ尾張氏の正体を明かす謎解きも、大詰めだ。ここで、仲哀天皇の子供たちの話に戻りたい。

『日本書紀』は仲哀天皇と神功皇后の間に応神が生まれ、別の妃との間に三人の男子が生まれたと言っている。そのうちの二人は、応神や神功皇后のヤマト入りを阻止しようと立ち上がり、滅ぼされた。残る一人は誉屋別皇子で、武烈天皇崩御ののち擁立《ようりつ》されそうになった倭彦王は、この皇子の末裔と考えられる。

ところが『古事記』は、仲哀天皇と神功皇后の間に、子が二人生まれていて、一人は応神、一人は品夜和気命だという。『日本書紀』と『古事記』のどちらかが嘘をついているか、どちらとも嘘をついていると指摘しておいた。

一方、『住吉大社神代記』の伝承を信じれば、応神は仲哀天皇の子ではなく、住吉大神の子であった可能性が高くなる。住吉大神は塩土老翁であり、武内宿禰だった。蘇我氏の祖であり、『日本書紀』編者が抹殺しようとした最大のテーマは、「蘇我氏の祖が王家の祖でもあった」という事実だと思い至る。そのため、スサノヲという「穢れ、暴れ回る粗暴な神」「軽蔑すべき神」を編み出した。そしてスサノヲに、「鬼」のレッテルを貼ったのだ（拙著『スサノヲの正体』）。

ならば、仲哀天皇と神功皇后の間に何が起きていて、『日本書紀』は何を抹殺して、話をすり替えたのだろう。

くり返すが、「魏志倭人伝」には、卑弥呼亡きあと、男王が立ったが、大混乱に陥ったとある。この排除された〝男王〟とは仲哀天皇のことだ。これが、仲哀天皇の悲劇であり、仲哀天皇はタラシヒコ最後の王だから、東海系と推理可能だ。すでに述べたように、「尾張（東海）は二つに分裂していた」のであり、「尾張の片割れは神武を拒み、もう一方は神武を助けた」のであり、具体的に彼らが何者かと言えば、神武を拒んだ尾張は、ヤマトに地盤を築いたナガスネビコだった。ならば、神武を助けた尾張は何者だろう。これが、仲哀天皇の子孫ではなかったか。彼らの末裔が、丹波の倭彦王に続く一族だろう。仲哀天皇の五世の孫と記されたのだから、彼らは応神の末裔ではなく、仲哀天皇と神功皇后から生まれた品夜和気命（誉屋別皇子）の系統になる。応神と誉屋別皇子は、父親違いの兄弟であった。

おそらく、『日本書紀』があらゆる手段を構築してでも抹殺しようとしたのは、この図式なのだ。

なぜ、六世紀の段階で、倭彦王と男大迹王のどちらかに王位に就いてほしいと考えたのか。あるいは、どちらにも王位を継承する資格が備わっていると考えたのか、ここが、じつは大切なところで、ヤマトの王に立つ資格を、『日本書紀』は、ここでポロリと（言ってはいけないのに）漏らしてしまったのだ（本人たちは気づいていないことでもある。『日本書紀』の大失敗なのだ）。

こういうことだ。ヤマトの王に立つには、誉屋別皇子の末裔か、応神天皇の末裔であれば良かった。だから、倭彦王と男大迹王に、白羽の矢が立った……。

問題は、倭彦王の祖（誉屋別皇子）の父親は仲哀天皇だが、男大迹王の祖（応神）の父親は住吉大神（武内宿禰）で、二人の祖に共通するのは、「母親が神功皇后」だったことにある。

つまり、古代ヤマト政権の王に立てるのは、「国母《こくも》・神功皇后の子供たち」ということになる。言い方は良くないが、「最初の父親」はだれでも良かったのだ。まず、国母・神功皇后（台与）がいて、王家が誕生したということになる。

ヤマト建国の直前、日本列島には多くの女王が林立していた。女王は巫女でシャーマンであり、男神と性的関係を結び（観念上の話）、神が憑依し、神の力が注がれた。その力を得て、国（集落）を守るのが、女王の務めであった。しかし、国が巨大化し、流通ルートを巡って争いが起き、これを制するには「腕っ節の強い男王」が必要となり、女王は姿を消していったのだ。台与（神功皇后）は、いわば最後の巫女王であり、その一方で、男神からお墨付きをもらった女王でもあった。その「偉大な女王（国母）の末裔の男王」こそ、新しい国の王にふさわしいと考えられたのだろう。しかも、神功皇后は夫と自身を裏切ったヤマト政権を恨んでいた。つまり神功皇后は祟る神でもある。祟る神を丁重に祀れば、巨大な恵みをもたらす神に化けもする。だからこそ、神功皇后はヤマトの国母になったのだ。

国母・神功皇后の血脈

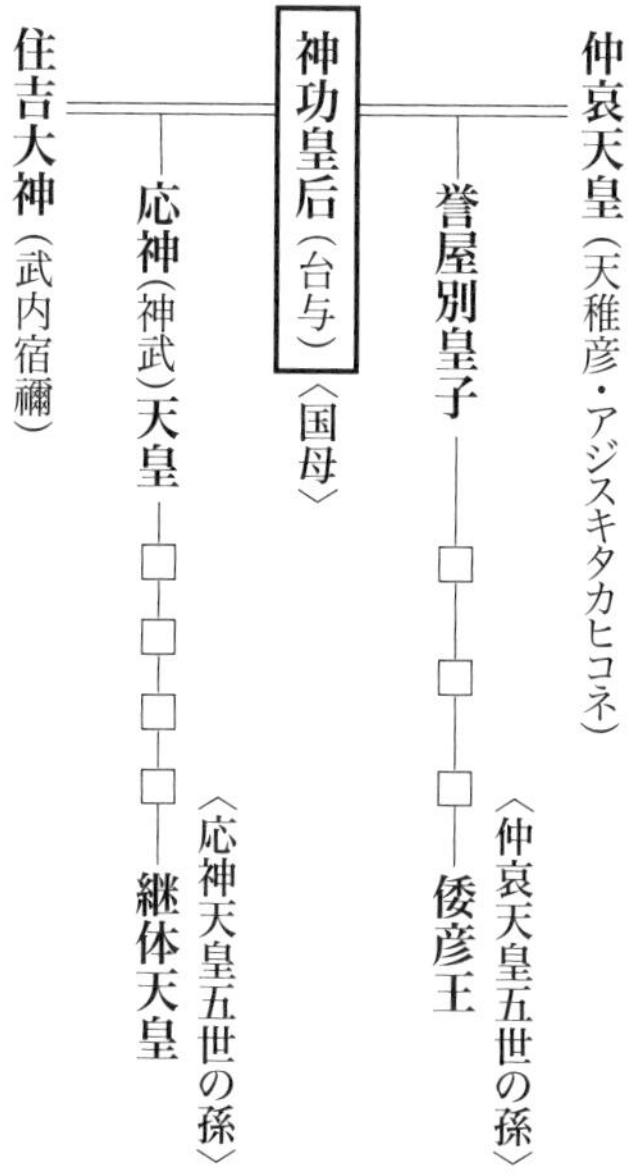

そしてわれわれは、『日本書紀』の失敗を、見落としてきたのだ。『日本書紀』が絶対に隠しておかなければならない天皇家の秘密を、ついうっかり記録してしまったのに、素通りしてきた。六世紀初頭に応神天皇五世の孫の男大迹王を擁立したが、その直

前に白羽の矢が立てられたのが仲哀天皇五世の孫の倭彦王だったこと、この系譜に、重大なヒントが隠されていたのに、気づかなかったのだ。「仲哀天皇と応神天皇の末裔のどちらにも、王に立つ資格があった」ことを、『日本書紀』は認めてしまったのだ。この『日本書紀』の「大失態」を再確認しておこう。

倭彦王と男大迹王、ふたりの祖の母は同じ神功皇后だが、父親が異なっていた。これまで説明してきたように、『住吉大社神代記』と「魏志倭人伝」の記事を重ねることで、応神の父は武内宿禰（住吉大神）、誉屋別皇子の父は仲哀天皇と推測可能となった。そして、仲哀天皇は、北部九州の統治にチャレンジしたが、ヤマト政権側の横槍が入って、悲劇的な最期を遂げた。紆余曲折を経て、応神＝神武が、ヤマト政権に招かれることになるが、応神の異父兄弟である誉屋別皇子の末裔は、本来なら（男系を重視すれば）、王に立つ資格はなかったのだ。しかし、六世紀の仲哀天皇（誉屋別皇子の父）の末裔にも、皇位継承権があると、『日本書紀』は「ポロッと漏らしてしまった」のである。つまり『日本書紀』は、ヤマトの王になる資格は、神功皇后の血を引いているかどうかだったと曝露してしまったことになる。神功皇后と仲哀天皇の間の子でも、神功皇后と武内宿禰（住吉大神）の子のどちらでも良かったことが、『日本書紀』の記事から読み解けるのだ。そしておそらく、仲哀天皇の子ら（尾張系の片割れ）は、武内宿禰の王家を恨んでいるわけではなく、ヤマト政権に裏切られたという点、運命共同体という意識をもっていたはずだ。だからこそ、神武（応神）をヤマトに迎えいれようとしたのだろう。

神武を迎えいれた側の尾張氏は、神功皇后の子供たちである。神武を拒んだ尾張氏は、仲哀天皇殺しに荷担した者たちだ。

崇神天皇に降りかかった祟りを、『日本書紀』は「大物主神の意志」と記録したが、その裏には、神功皇后の恨みつらみも隠されていたのだと思う。ヤマトを震え上がらせた祟る神々の中には、神功皇后も含まれていて、その怒りを鎮めるために、神功皇后の御子（応神であり神武でもある）をヤマトに呼び寄せたのだろう。

こうして、尾張氏の謎解きの答えは、意外なものとなったのだ。ヤマトの王は男系だが、その根っ子には、国母が屹立していたのだ。それが、神功皇后であり、トヨ（台与）だった。

七世紀末、持統天皇が自らを国母に見立てて孫に禅譲し、新たな王国を築こうと考え、これを後押ししたのが藤原不比等であり、その構想は、三、四世紀のヤマト建国の歴史を参考にしたのだと思う。

また、尾張氏はヤマトの礎《いしずえ》を築いた人びとであり、ヤマト建国直後の主導権争いに敗れて、零落した人びとでもあった。ただし、五世紀末から六世紀にかけて、日本海勢力と東海勢力は復活を賭けて、動き出した。ただし、彼らの後押しがあったから、皇位継承候補に神功皇后のふたりの夫の末裔の名が挙がったのだろう。継体天皇の出現によって蘇我氏も尾張氏も力をつけるが、八世紀に藤原氏が独裁権力を握ると、尾張氏はふたたび長い眠りについた。ただし朝廷は、「東」の底力を恐れ、長い間「東の亡霊」を警戒し続けたのだった。「尾張」は「裏の王家」であり、また「尾張」の歴史は、悲劇的なのである。

おわりに

古代史の謎解きの鍵は、尾張《おわり》氏が握っていた……。改めてそう思う。『日本書紀《にほんしょき》』編纂の目的のひとつは、尾張氏の正体を抹殺することだろう。そしてそのとおり、尾張氏の謎は深まり、迷宮入りしていたのだ。

しかし、『日本書紀』の完全犯罪は崩れ去った。まず、考古学がヤマト建国の詳細を明らかにしてくれた。その結果、ヤマト建国の黎明期《れいめいき》に、東海勢力が大いに活躍をしていたことがはっきりとした。奈良盆地の東南の「おおやまと」には、早い段階で東海系の人びとが群がっていたし、近江や東海地方で盛行した前方後方墳《ぜんぽうこうほうふん》が、東日本に広まっていた。

さらに、『古事記《こじき》』が「スネが長い」と記録してくれたおかげで、景行《けいこう》天皇がナガスネビコだと、推測できた。ヤマトの最初の王は、東海系のナガスネビコである。タラシヒコの王家の最後の王・仲哀《ちゅうあい》天皇は、北部九州に赴いていたが、これも考古学と合致していた。

それだけではない。神武《じんむ》天皇を助けた椎根津彦《しいねつひこ》が「浦島太郎」もどきだったこと、この奇妙な男が尾張系で、末裔《まつえい》が「おおやまとの大和《おおやまと》神社」を祀っていたこともわかってきた。

そして、葛城《かつらぎ》に祀られる謎の出雲神《いずもしん》・アジスキタカヒコネが最後のキーマンだった。神話の中で王に立とうとして急死した天稚彦《あめわかひこ》にそっくりなアジスキタカヒコネも、東海勢力の神で、北部九州で王に立とうとした仲哀天皇を神格化した姿と気づかされたのだ。仲哀天皇は、神功皇后と共に北部九州の邪馬台国を倒し、王に立とうとしたが、ヤマト政権側に裏切られ、神功皇后が王に立ったが、彼女もまた、のちに排除されてしまったのだ。こうして、日本海勢力と東海勢力は、衰頽《すいたい》する。

尾張氏はヤマト建国のきっかけを作りながら、裏切られ、没落していったのだ。そして六世紀、尾張氏は仲哀天皇五世の孫の倭彦王《やまとひこのおおきみ》と応神天皇五世の孫の男大迹王《おおどのおおきみ》を後押ししたが、この『日本書紀』の記事から、天皇家の始まりが、国母《こくも》・神功皇后《じんぐうこうごう》(台与《とよ》)だったこと、彼女の血を引いている者に、皇位継承権があることもわかってきた。

尾張氏の正体は、こうして解き明かされた。

なお、今回の執筆にあたり、PHP研究所の前原真由美氏、編集担当の武藤郁子氏、歴史作家の梅澤恵美子氏の御尽力を賜りました。改めて、お礼申し上げます。

合掌

関　裕二

主な参考文献

『古事記　祝詞』日本古典文学大系（岩波書店）
『日本書紀』日本古典文学大系（岩波書店）
『風土記』日本古典文学大系（岩波書店）
『萬葉集』日本古典文学大系（岩波書店）
『続日本紀』新日本古典文学大系（岩波書店）
『日本書紀（一）（二）（三）』新編日本古典文学全集（小学館）
『古事記』新編日本古典文学全集（小学館）
『新訂 魏志倭人伝・後漢書倭伝・宋書倭国伝・隋書倭国伝』石原道博編訳（岩波文庫）
『新訂 旧唐書倭国日本伝・宋史日本伝・元史日本伝』石原道博編訳（岩波文庫）
『三国史記倭人伝』佐伯有清編訳（岩波文庫）
『先代旧事本紀・訓註』大野七三（批評社）
『日本の神々』谷川健一編（白水社）
『神道大系　神社編』神道大系編纂会編（神道大系編纂会）
『古語拾遺』斎部広成撰・西宮一民校注（岩波文庫）
『藤氏家伝　鎌足・貞慧・武智麻呂伝　注釈と研究』沖森卓也・佐藤信・矢嶋泉（吉川弘文館）
『日本書紀成立の真実』森博達（中央公論新社）
『古代氏族の研究⑫尾張氏』宝賀寿男（青垣出版）
『日本書紀研究　第一冊』三品彰英編（塙書房）
『日本書紀研究　第五冊』三品彰英編（塙書房）
『日本書紀研究　第八冊』横田健一編（塙書房）
『日本書紀研究　第二十三冊』横田健一編（塙書房）

『日本の古代8　海人の伝統』大林太良編（中公文庫）
『古代貴族と地方豪族』野村忠夫（吉川弘文館）
『県史シリーズ23　愛知県の歴史』塚本学・新井喜久夫著（山川出版社）
『継体大王と尾張の目子媛』網野善彦・門脇禎二・森浩一編（小学館）
『日本古代の豪族と渡来人』加藤謙吉（雄山閣）
『歴史文化ライブラリー５４４　気候適応の日本史』中塚武（吉川弘文館）
『邪馬台国時代の関東』香芝市二上山博物館友の会ふたかみ史遊会編・石野博信ほか著（青垣出版）
『古代「おおやまと」を探る』伊達宗泰編（学生社）
『東日本の古墳の出現』甘粕健・春日真実編（山川出版社）
『「前方後方墳」出現社会の研究』植田文雄（学生社）
『邪馬台国時代の丹波・丹後・但馬と大和』香芝市二上山博物館編・石野博信ほか著（学生社）
『市民の考古学５　倭国大乱と日本海』甘粕健編（同成社）
『古墳時代の研究（11）地域の古墳Ⅱ　東日本』石野博信・岩崎卓也・河上邦彦・白石太一郎編（雄山閣出版）
『古代の東国１　前方後円墳と東国社会　古墳時代』若狭徹（吉川弘文館）
『飛鳥の朝廷』井上光貞（講談社学術文庫）
『分割された古代天皇系図　四系の天皇家と出雲王朝』坂田隆（青弓社）
『神功皇后伝説の誕生』前田晴人（大和書房）
『田中卓著作集11・１　神社と祭祀』田中卓（国書刊行会）
『ヤマトタケルと大国主』吉田敦彦（みすず書房）
『津田左右吉全集　第一巻』津田左右吉（岩波書店）
『石母田正著作集　第十巻　古代貴族の英雄時代』石母田正著・青木和夫編（岩波書店）
『ヤマトタケル』吉井巌（学生社）
『ヤマトタケル　尾張・美濃と英雄伝説』森浩一・門脇禎二編（大巧社）
『出雲神話』松前健（講談社現代新書）
『ヤマト王権の古代学』坂靖（新泉社）

『大和三山』池田源太（学生社）
『古代史と日本神話』大林太良・吉田敦彦ほか（大和書房）
『史話　日本の古代　第三巻　ヤマト王権のあけぼの』上田正昭編（作品社）
『國學院大學紀要』六号　一九六七　滝川政次郎「倭大国魂神と大倭氏の盛衰」（國學院大學）
『記紀の考古学』森浩一（朝日新聞社）
『日本神話の考古学』森浩一（朝日新聞社）
『明治天皇紀』宮内庁（吉川弘文館）
『古代天皇の秘密』高木彬光（角川文庫）
『応神天皇の秘密』安本美典（廣済堂出版）
『日本の神と王権』中村生雄（法藏館）

図版作成（P55、64、155以外）——齋藤稔（G-RAM）、齋藤維吹

PHP新書
PHP INTERFACE
https://www.php.co.jp/

関 裕二［せき・ゆうじ］

1959年、千葉県柏市生まれ。歴史作家。武蔵野学院大学日本総合研究所スペシャルアカデミックフェロー。仏教美術に魅せられて足繁く奈良に通い、日本古代史を研究。文献史学・考古学・民俗学など、学問の枠にとらわれない広い視野から日本古代史、そして日本史全般にわたる研究・執筆活動に取り組む。近著に、『「縄文」の新常識を知れば日本の謎が解ける』(PHP文庫)、『縄文文明と中国文明』『海洋の日本古代史』『女系で読み解く天皇の古代史』『日本、中国、朝鮮　古代史の謎を解く』(以上、PHP新書)など多数。

消された王権 尾張氏の正体

(PHP新書 1405)

二〇二四年八月二十二日 第一版第一刷

著者――関 裕二
発行者――永田貴之
発行所――株式会社PHP研究所
東京本部――〒135-8137 江東区豊洲5-6-52
ビジネス・教養出版部 ☎03-3520-9615(編集)
普及部 ☎03-3520-9630(販売)
京都本部――〒601-8411 京都市南区西九条北ノ内町11
組版――有限会社エヴリ・シンク
装幀者――芦澤泰偉+明石すみれ
印刷所
製本所――TOPPANクロレ株式会社

ISBN978-4-569-85755-8

ＰＨＰ新書刊行にあたって

「繁栄を通じて平和と幸福を」（PEACE and HAPPINESS through PROSPERITY）の願いのもと、ＰＨＰ研究所が創設されて今年で五十周年を迎えます。その歩みは、日本人が先の戦争を乗り越え、並々ならぬ努力を続けて、今日の繁栄を築き上げてきた軌跡に重なります。

しかし、平和で豊かな生活を手にした現在、多くの日本人は、自分が何のために生きているのか、どのように生きていきたいのかを、見失いつつあるように思われます。そして、その間にも、日本国内や世界のみならず地球規模での大きな変化が日々生起し、解決すべき問題となって私たちのもとに押し寄せてきます。

このような時代に人生の確かな価値を見出し、生きる喜びに満ちあふれた社会を実現するために、いま何が求められているのでしょうか。それは、先達が培ってきた知恵を紡ぎ直すこと、その上で自分たち一人一人がおかれた現実と進むべき未来について丹念に考えていくこと以外にはありません。

その営みは、単なる知識に終わらない深い思索へ、そしてよく生きるための哲学への旅でもあります。弊所が創設五十周年を迎えましたのを機に、ＰＨＰ新書を創刊し、この新たな旅を読者と共に歩んでいきたいと思っています。多くの読者の共感と支援を心よりお願いいたします。

一九九六年十月

ＰＨＰ研究所